Helados

Paula López Montero (Madrid, 1993) es una emprendedora madrileña y cofundadora de Campo a Través, una microheladería en San Lorenzo de El Escorial. Junto a Mariluz Villegas, elabora helados artesanales con leche de cabra de la sierra de Guadarrama, apoyando la ganadería local y la sostenibilidad. Formada en una escuela de pastores, colabora con productores rurales para promover la leche de proximidad y preservar razas en peligro de extinción. Además de helados, su proyecto ofrece yogures y vinos naturales, buscando visibilizar el trabajo artesanal y fomentar el consumo responsable.

MESA Y MANTEL

PAULA LÓPEZ MONTERO

Helados

Recetas de un paseo campo a través

Ilustraciones de Laura Alejo

DEBATE

Papel certificado por el Forest Stewardship Council®

Primera edición: mayo de 2025

© 2025, Campo a Través, S. L.
© 2025, Penguin Random House Grupo Editorial, S. A. U.
Travessera de Gràcia, 47-49. 08021 Barcelona
Diseño: Penguin Random House Grupo Editorial/Nora Grosse
© 2025, Laura Alejo, por las ilustraciones

Penguin Random House Grupo Editorial apoya la protección de la propiedad intelectual. La propiedad intelectual estimula la creatividad, defiende la diversidad en el ámbito de las ideas y el conocimiento, promueve la libre expresión y favorece una cultura viva. Gracias por comprar una edición autorizada de este libro y por respetar las leyes de propiedad intelectual al no reproducir ni distribuir ninguna parte de esta obra por ningún medio sin permiso. Al hacerlo está respaldando a los autores y permitiendo que PRHGE continúe publicando libros para todos los lectores. De conformidad con lo dispuesto en el artículo 67.3 del Real Decreto Ley 24/2021, de 2 de noviembre, PRHGE se reserva expresamente los derechos de reproducción y de uso de esta obra y de todos sus elementos mediante medios de lectura mecánica y otros medios adecuados a tal fin. Diríjase a CEDRO (Centro Español de Derechos Reprográficos, http://www.cedro.org) si necesita reproducir algún fragmento de esta obra.
En caso de necesidad, contacte con: seguridadproductos@penguinrandomhouse.com

Printed in Spain – Impreso en España

ISBN: 978-84-10433-48-9
Depósito Legal: B-4.644-2025

Compuesto en Comptex & Ass.

Impreso en Gómez Aparicio, S.L.
Madrid

C 433489

Índice

Antes de comenzar... 11
De por qué hacemos helado para recuperar un
    oficio en extinción 12
De la importancia de los pueblos y sus rebaños 16
De la escuela de pastores y del aprovechamiento
    de la leche. 19
De conocer a Mario y sus cabras del Guadarrama .. 22
Un día cualquiera en nuestra microheladería
    trashumante 24

Cómo hacer helado en casa. 28
De la leche y su grasa 31
Los azúcares y su poder anticongelante. 35
La importancia de conocer los ingredientes
    y de los deshidratados 36
El primer helado 39

Otoño 43
Leche, piñones tostados y miel de pino verde...... 45
Yogur fresco y moras silvestres maceradas 51
Earl Grey con malvaviscos de chocolate y jengibre . 56

El sol tardío de los membrillos 63
Manzanas frescas y asadas...................... 66
Natillas al azafrán 70
Bellotas y cacao 74
Champiñón silvestre y *stracciatella*
   de chocolate............................... 77
Castañas con anís 80
Mantecado con nueces garrapiñadas............ 83
Enebro y cerezas fermentadas................... 87
Calabaza especiada con sus pipas............... 91
Limón y raíz de regaliz 94
Las primeras leches y su pasto 97
El olor del clavo 101
Vendimia tardía (vino e higos secos) 104
Caquis con Pedro Ximénez 108
Yogur con mermelada de madroños.............. 111
Endrinas, anís, canela y ralladura de naranja...... 114
El escaramujo o el fruto de la rosa silvestre........ 117
Un pastel para el recuerdo...................... 121

Invierno..................................... 129
Galletas de anís 131
Turrón helado 135
Sopa de almendras 139
Roscón de Reyes 142
Limón con cava y merengue 147
Chocolate con naranja 151
Dulce de leche de cabra 154
Kéfir con cabello de ángel 157
Chocolate y menta silvestre.................... 161

Sabayón con uvas pasas	165
La pera	169
Mantequilla con flor de sal	172
Pistachos de Toledo	175
Arroz con leche	178
Flan de leche de cabra	182
Papuecas de la abuela Pepa	186

Primavera	**189**
Las primeras violetas	191
Almendras en flor	195
Laban con *ras al hanout* y azahar	198
Torrijas de la abuela Cani	201
Miel y polen	205
Jara pringosa	208
Siempreviva	212
Las flores del saúco	215
Fresas, remolacha y albahaca	218
Cerezas del Jerte	222
Albaricoques y azafrán	225
Brevas y hoja de higuera	228

Verano	**233**
Corte helado con barquillos	235
Melocotón asado	239
Limón con hierbabuena	243
Sorbete de melón y sus pepitas	246
Ciruelas	250
Paraguaya y melisa	253
Frambuesas, avena y *nibs* de cacao	257

Arándanos   260
Lima, agave y chile dulce   263
Mango y lima   266
Algarroba y avellanas   269
Plátano con *tahini* y miel   272
Remolacha y eneldo   275

Helado para todo el año   278
Agradecimientos   281

Índice de recetas   285

Antes de comenzar...

¡Hola! Somos Paula y Mariluz. Antes de entrar en materia, permíteme que nos presente. Es algo que hago todos los días cuando llega alguien que no nos conoce a nuestra microheladería, y no veo diferencia entre abrir la puerta de nuestro local y abrir estas páginas. Me gustaría recibirte de la misma manera y con el mismo cariño con el que tratamos a cada persona todos los días, porque el simple hecho de elegir este libro de recetas y no otro ha sido una decisión valiente e inusual que nos une y que hace que compartamos algo, aunque solo sea la inquietud por el campo o por los helados. Así que, por ello, gracias.

Aquí, como en nuestra heladería, no encontraréis helados al uso. En nuestro establecimiento no tenemos una vitrina con sabores de donde elegir, sino que cada día hacemos un único helado dependiendo de la estación y de lo que nos va surtiendo el campo. Nunca lo repetimos. Y es cierto. En los meses que llevamos en nuestro local no hemos elaborado ningún día la misma receta porque la naturaleza nos provee de un montón de combinaciones posibles que están ahí, al alcance de cualquier alma inquieta y experimentadora, y porque nos encanta ser creativas, nos mantiene despiertas. Todos los días le damos la importancia y el cuidado que merece a cada ingrediente, y aunque sabemos que los helados no son usuales, os pueden llegar a robar el corazón. Sobre todo, porque lo que más nos gusta es contar lo que hay detrás de cada uno. Agricultores, pastores, animales, plantas, frutas; en definitiva, historias que hacen entrañable cada elaboración y que permiten que cada vez que damos a probar el helado del día se produzca una emoción. Esa cucharita que ofrecemos para degustar queremos que sea un viaje por el campo y sus paisajes. Por eso, para embarcaros en este libro lo más útil es dejarse llevar por la intuición y, en muchos casos, más que varillas de repostería te harán falta una vara de pastor, una cántara de leche o un hatillo en el que guardar las flores o frutos del campo.

¡Bienvenidxs!

De por qué hacemos helado para recuperar un oficio en extinción

Entre pastores y rebaños siempre ha existido una relación de protección y supervivencia mutua, pero también de cariño, de cuidado y de comprensión. El pastoreo va mucho más allá de ser una manera de crianza y alimentación. Esta profesión ancestral ha tenido una importancia enorme en nuestra cultura, desde la forma en que ha moldeado y mantenido los paisajes y los pueblos hasta la manera que tenemos de pensar, vestir, comer o movernos. Por eso siento fascinación por todo lo que tiene que ver con la trashumancia, porque a pesar de ser una manera modesta de ganarse la vida, también es un movimiento, una filosofía, una forma de entender el mundo en que vivimos.

Sin embargo, hace tiempo que vengo observando cómo, poco a poco, las varas se van quedando sin relevo; cómo los zurrones y las cántaras se venden como objetos *vintage* en Wallapop; cómo nadie sabe lo que es una vereda o un cordel; cómo la carne viene envasada en bandejas tras haber sido procesada en cantidades industriales, y cómo nadie se pregunta dónde están los animales que nos regalan la leche con la que combinamos nuestro café cada mañana. Muy poca gente trata de mantener esa conexión con la naturaleza y prácticamente nadie quiere comprenderla o trabajarla. Nos hemos separado de su rudeza, de su sacrificio, pero también de su belleza, de su vitalidad, de su espontaneidad, de su diversidad, de su equilibrio.

Recuerdo el momento en que Mariluz y yo empezamos a percibir esta desvinculación y a cuestionarnos nuestros modos de consumo. Aún vivíamos en Madrid, en pleno centro. Poco después de conocernos, abrimos los ojos a una realidad que está ahí, apenas a cincuenta kilómetros del centro de cualquier ciudad, intentando decirnos a gritos que nuestra manera de vivir, de alimentarnos y de movernos nos está pasando factura más rápido de lo que creemos. Porque, en el fondo, las ciudades son refugios de (pero también contra) la naturaleza, son pequeños olvidos de nuestra cercanía y semejanza con el mundo animal. Si prescindimos de la parte natural que hay en nosotros, también olvidaremos esa belleza, esa vitalidad, esa diversidad. El pastoreo está ahí para recordárnoslo.

Campo a Través empezó aquí y, como su propio nombre indica, conlleva una acción, es el deshacerse de los caminos habituales, de su comodidad y su automatismo, es una invitación a avanzar por ese territorio inexplorado que evoca la palabra «campo», para adentrarte en su interior y recuperar la conexión con la tierra, con los animales, favoreciendo la continuidad de los paisajes y las estaciones.

No es fácil describir cuál fue la razón exacta que nos llevó a emprender este camino. Si nos hubieses preguntado unos años atrás, ni Mariluz ni yo habríamos dicho que acabaríamos regentando una heladería y mucho menos que querríamos tener un rebaño de cabras.

La verdad es que no existe un día exacto que haya marcado lo que es hoy Campo a Través. En ocasiones me siento tentada a simplificar nuestro recorrido diciendo que, para nosotras, hacer la escuela de pastores fue decisivo. Es verdad que lo fue. Pero no, no todo empezó ahí. Como todas las historias, la nuestra es compleja y llena de entresijos. Y me gustaría ir contándotela, poco a poco, de la mejor manera que se cuentan las historias: vistiéndonos de literatura. Qué sería la vida sin ella. Por eso, cuando nos escribió Paloma para proponernos escribir un libro sobre nuestra microheladería, algo que nunca habríamos imaginado, sentí que por un momento todo lo que habíamos estado construyendo nosotras, que nos había cobijado entre libros e historias, cobraba más sentido que nunca. Y que, de repente, tenía una tarea enormemente bella entre las manos para la cual me había estado preparando (sin siquiera intuirlo) todo este tiempo: la de contar, desvelar, todo lo que hay detrás de un alimento tan sencillo y a veces tan mal comprendido como el helado. Si lo piensas, nadie le presta atención, pasa desapercibido entre tanto colorido y estética pop, pero es fruto de un trabajo milenario y, si me lo permites, metafísico. Es un trabajo de campo.

Puede sonar pretencioso, pero hasta ahora nadie se había preguntado qué hay detrás del trabajo artesano que hacemos los heladeros, de qué raíz culinaria viene la profesión, más allá de que tiene una fuerte presencia italiana y una potente estacionalidad. Lo achaco a una realidad bastante dura, y es que la heladería no ha tenido ninguna historia que contar. Y, si algo no te dice nada, si no transmite nada más que su sola presencia y utilidad, es porque está sacado de su contexto, de su raíz, porque está vacío de significado. Sucede con la mayoría de la comida que ingerimos hoy en día, y se incrementa exponencialmente con la heladería, donde abundan los preparados industriales, la leche UHT y las frutas traídas de no sé qué parte del mundo. Algo que, en realidad, deja de ser artesanía para convertirse en un producto más de la industria. Qué paradoja tan grande me parece cuando veo la palabra «artesanos» al lado de «helados» en muchos establecimientos que centran su producción en aditivos químicos y métodos industriales.

El helado es un alimento moderno que se independizó de la pastelería apenas en el siglo XX (un siglo que, además, conllevó una destrucción enorme sobre todo lo que tiene que ver con los legados tradicionales). Hay muchas luces y sombras respecto a la herencia que esta evolución exponencial a nivel técnico-industrial nos ha dejado, sobre todo en cuanto a métodos de producción masivos se refiere. Nos ha permitido avanzar en muchos aspectos, como, por ejemplo, el poder desprendernos de tareas que creíamos tediosas, duras y sacrificadas, pero el crecimiento ha sido tan grande que hemos perdido el horizonte. Aquí nos situamos.

Y aquí nos tienes, a Mariluz y a mí, nacidas al final del siglo pasado e intentando comprender de dónde venimos y hacia dónde vamos; pero también cuál es la esencia de lo que hacemos, qué es lo que da sentido a lo que estamos construyendo. En nuestra opinión, hay tres aspectos que nos han delimitado el camino: nuestro afán por la historia, por las tradiciones, por la cultura, pero también por el campo y el mundo rural; la realización de la escuela de pastores y el haber entendido el momento crítico en el que nos encontramos respecto al pastoreo y al relevo generacional; y el querer hacer de eslabón para futuras generaciones, recogiendo lo mejor de lo que nos enseñaron nuestras abuelas.

De la importancia de los pueblos y sus rebaños

Nuestras abuelas y nuestros abuelos provienen de comarcas de Toledo y de Granada. Y, aunque nunca se desprendieron del alma de pueblo (de su manera sencilla de ver la vida apegadas a un paisaje y sus tradiciones), se vieron en la obligación de emigrar en busca de trabajo y mejores oportunidades a la ciudad, por lo que tanto la generación de nuestros padres como la nuestra nos hemos criado sobre asfalto.

Mariluz solía ir de niña al pueblo de sus abuelos y aunque yo no tuve pueblo al que regresar, mi madre y su pareja compraron una casita en Peguerinos, un minúsculo municipio de Ávila. Por lo que, en realidad, también he pasado muchos fines de semana y veranos en la montaña. Ninguna de las dos sabía lo mucho que nos iban a marcar estas vivencias hasta que, cuando nos conocimos, y tras vivir un año y medio en el centro de Madrid, nuestro casero necesitó hacer uso del piso en el que vivíamos alquiladas. Cuando nos pusimos a buscar otro, vimos que los precios se habían disparado. La cosa empezaba a ser inasumible y asfixiante para dos chicas de veintidós años con su primer (y mal pagado) trabajo. Como no encontrábamos nada que pudiéramos permitirnos, Mariluz empezó a buscar por los extrarradios. De repente, se acordó de que le había gustado mucho San Lorenzo de El Escorial y que yo le había hablado muchas veces de lo bonito que me parecía porque, al volver de Peguerinos, siempre parábamos allí para dar un paseo o tomar un chocolate con churros. Así que, sin avisarme, un día me dijo: «He mirado esta casa en San Lorenzo y tenemos la cita mañana». A mí se me iluminó la cara, cogí oxígeno como alivio y me pareció una idea excelente. Me sorprendió porque Mariluz siempre había vivido muy ligada a la ciudad, a los bares y a las tiendas del centro desde que se había mudado a Madrid para estudiar la carrera. Pero, al día siguiente estábamos mirando un piso en una casita de pueblo de dos alturas de estructura de granito con chimenea y una pequeña parcelita, todo por la mitad de lo que costaba cualquier vivienda en la capital. Dimos la señal porque sentimos un flechazo. En esa casa pasamos cinco maravillosos años y nos permitió volver a la vida de pueblo, tener a nuestras perritas y comprender que hay vida más allá de Malasaña.

Con nuestra migración a un pueblo, el viaje contrario que hicieron nuestros abuelos y abuelas, pusimos en valor las redes que se tejen aquí: el comercio local, la ayuda vecinal, la participación política, el cuidado del medioambiente. Todo es más sencillo a pequeña escala y, la verdad, este cambio fue la mejor decisión que pudimos tomar porque nos ha permitido expandirnos personalmente y crecer en lo profesional.

Ahora bien, hemos de decir que había una cosa que le faltaba a San Lorenzo de El Escorial: rebaños de cabras y de ovejas pastando por el monte. En la zona llevan años haciéndose grandes esfuerzos por resaltar la carne de vacuno de la sierra de Guadarrama, por lo que los únicos ganaderos que quedan son los de ganado mayor. Dada la facilidad de cría y la alta producción de carne y leche que supone tener una vaquería, la mayoría de la gente optó por renunciar a sus rebaños de cabras y ovejas.

En todo este entramado, hay un detalle que podría parecer baladí, pero no lo es: en la actualidad la leche de consumo habitual, la que encontramos en cualquier tienda, es la de vaca. Sin embargo, antiguamente, en los pueblos de Castilla, de Extremadura, del Levante y del sur de España se empleaba sobre todo la de cabra y de oveja. Este cambio se debe, principalmente, al éxodo rural y al consecuente bajo nivel de relevo generacional de los pastores (no sorprendo a nadie al decir que la mayoría de la leche que consumimos es de vacas estabuladas y cebadas para producir en gran cantidad, con mucha materia grasa con la que además elaborar mantequilla para nuestra repostería afrancesada). Poca gente reflexiona sobre el modelo de consumo que está asociado a las ciudades.

A nosotras nos da pena ver cómo cada vez faltan más rebaños en los pueblos y menos gente tiene la posibilidad de probar leche recién ordeñada, sea del animal que sea. Nadie repara en ello, pero estamos hablando de una pérdida enorme de nuestros legados gastronómicos.

Por eso, cuando entras en nuestro local verás un lema escrito en la pared: «No hay cabras sin pueblo, ni pueblo sin cabras». Ojalá algún día podamos tener nuestro propio rebaño y poner nuestro granito de arena para la preservación de la cabra del Guadarrama. Ojalá veamos a nuestras cabras pastoreando por las veredas de la Cañada Real leonesa, que, por cierto, pasa justo por aquí, aunque nadie lo recuerde ya.

De la escuela de pastores y del aprovechamiento de la leche

El mero hecho de mudarnos a un pueblo ya fue un paso decisivo en cuanto a nuestra dinámica de vida, aunque la cosa no terminó ahí: aún conservábamos nuestros trabajos en la ciudad, así que yo tenía que bajar todos los días en tren al centro y Mariluz cogía el coche para ir a la clínica de fisioterapia donde atendía a sus pacientes.

Todavía recuerdo cuando la llamé desde la Biblioteca Nacional porque me había saltado la noticia en *Aquí en la sierra* de que el rebaño de ovejas de la escuela de pastores había llegado a Guadarrama «¿Escuela de pastores?», me pregunté, al igual que muchos se preguntarán mientras lo leen. ¿Qué será eso? El artículo explicaba que era una formación para aquellas personas que querían aprender a manejar un rebaño, una formación para curiosxs y también inexpertxs. Así que se lo conté a Mariluz, como tantas otras locuras que se me pasan por la cabeza, y me respondió con la generosidad que la caracteriza: «Adelante, sin dudarlo». Me apunté. Es una de esas cosas que no piensas dos veces y, sin saber por qué, funcionan.

La escuela de pastores ya había empezado, pero muy amablemente me admitieron para las prácticas que tenían lugar en el centro medioambiental del Gurugú. De repente, allí estaba, aprendiendo de cuidados veterinarios, de higiene del ordeño, de adiestramiento de perros pastores, de alimentación, de botánica, de ungüentos, de razas, de paisaje, etc. Echo la vista atrás y me doy cuenta de que la vida puede ser digna y bellamente sobrellevada apenas con un poco de agua, una navaja y una vara de madera. Lo que te vas encontrando por el camino es magia, y también tiene algo de epopeya.

Aunque leía mucho por mi trabajo, solo allí entendí las palabras de Virgilio: «O fortunatos nimium, sua si bona norint agricolas», que traducido sería algo así como «qué felices serían los campesinos si supieran que son felices». He ahí la paradoja que se esconde detrás del trabajo del campo.

Por supuesto, no es fácil dedicarse al pastoreo. Especialmente cuando los productos que se generan no están ni reconocidos como deben, ni valorados económicamente como merecen. No es lo mismo carne de pastoreo que de intensivo, ni leche de mamíferos que se alimentan del monte que otra de animales cebados con pienso. Los españoles lo hemos comprendido bien con nuestro producto por excelencia, el jamón ibérico. Todos sabemos que el cerdo ibérico de bellota que pasta libremente por los encinares y dehesas de nuestros paisajes es mucho mejor que el de cebo y que, además, vale tres o cuatro veces más. Sin embargo, nadie entiende (y, por tanto, valora) que tampoco es lo mismo un cordero de pasto o una leche de cabra que se alimenta del monte que la carne o leche de estos animales cebados mediante pienso sin ver más luz que la artificial.

Sabíamos que teníamos que desmarcarnos. Podíamos elaborar queso, claro que sí, pero para producir un kilo hacen falta aproximadamente diez litros de leche, por lo que es necesaria una alta producción para que el pastoreo sea rentable (y poder vivir de ello). También sabíamos lo importante que es comunicar todo lo que se hace, que el mundo sepa el gran esfuerzo que de verdad implica cada uno de los productos. Y entonces se nos encendió la chispa: ¿por qué no probamos a hacer helados? Yo había trabajado en una heladería italiana mientras estudiaba la carrera, pero jamás se me hubiera pasado por la cabeza que volvería a tener un vínculo con los helados pues aquello me parecía una labor pasajera.

Al hacer la escuela de pastoreo comprendí lo importante que era aportar frescura y modernidad a un sector muy anquilosado y con una terrible tendencia a la invisibilidad, el de los productos de pastoreo. Lo que hacía falta (y sigue haciendo) es un golpe en la mesa que nos advierta: «Cuidado, si seguimos sin reivindicar el campo y su valor, llegará el día en que no queden animales en el monte. Perderemos biodiversidad, habrá más incendios y toda nuestra alimentación será de cebo. Aún estamos a tiempo de evitar esta situación: quedan muchas vías por explorar, es posible modernizar y dar empleo y oportunidades a mucha gente, sobre todo, a los jóvenes».

De conocer a Mario y sus cabras del Guadarrama

Una tarde, en Navalperal de Pinares visitando a María y Felipe de Vaca Celta y sus vacas cachenas, unas vacas preciosas que hacen pastoreo por las dehesas de este pueblo, nos hablaron de un quesero en Las Navas del Marqués que tenía un rebaño de cabras del Guadarrama. Habíamos ido a visitarlos para conocer de primera mano lo que hacían y que nos contasen cómo habían podido emprender su negocio de campo (la cosa no es nada fácil, aunque hay ejemplos como el suyo que nos inspiraron a lanzarnos). Por entonces nosotras buscábamos terrenos entre Peguerinos y Santa María de la Alameda, las lindes de la sierra de Guadarrama, para adquirir o alquilar un espacio donde poder tener nuestro rebaño de cabras, mientras ayudábamos de vez en cuando a Elsa, una pastora de Fresnedillas de la Oliva.

Aunque estuvimos hablando largo y tendido sobre la doble cara de las ayudas de la Política Agraria Común y sobre las ayudas a la primera instalación para jóvenes agricultores y ganaderos, María y Felipe acabaron por aconsejarnos que intentáramos emprender nuestro camino al margen de las ayudas. No era la primera vez que un pastor nos lo decía, porque para recibir las ayudas tienes que seguir unos requisitos y adquirir un compromiso por años, y, si no los cumples, debes devolver el dinero invertido, que normalmente lo has gastado en maquinaria que en cuanto la compras se devalúa. Así que les hicimos caso, el secreto es ir poco a poco. Para nosotras suponía adentrarnos en un camino muy complicado, pues no disponíamos de apenas ahorros, ni contábamos con ningún familiar que poseyera fincas o animales, y los terrenos que veíamos, a pesar de ser agrestes y carecer de más vida útil que la de que un rebaño de cabras sortee sus cumbres, eran terriblemente inasequibles.

Algo había que hacer. María y Felipe nos hablaron de Mario, el pastor y quesero de Las Navas. Estábamos en verano y, una semana más tarde, se celebraba en su localidad una feria medieval de tenderos artesanos, así que decidimos llamarlo para presentarnos y quedar allí con él. La primera vez que lo vimos estaba vestido con ropa de pastor medieval, vendiendo tras un mostrador sus maravillosos quesos. Tras conocerlo y probarlos, nos dimos cuenta de que era posible hacer de la labor de pastoreo un negocio rentable, sobre todo si cuentas con un ingrediente secreto: la pasión. Había esperanza, por mucho que él insistiese, en numerosas ocasiones, en que «esto es muy sacrificado, ¿para qué queréis complicaros la vida?». Con timidez, le contamos lo que se nos había ocurrido hacer: helados con leche de cabra, porque ya teníamos formación al respecto y, además, veíamos que nadie lo estaba haciendo. Ahí veíamos un nicho en el mercado sin explorar. No le pareció una locura, al contrario, nos animó y nos dijo: «Yo os puedo dar leche si la necesitáis». De aquella primera visita nos fuimos con varias garrafas de leche con la que hicimos pruebas. Nos dimos cuenta de que ese era exactamente el tipo de leche con el que queríamos trabajar y esa la manera en la que queríamos arrancar, con un vínculo directo con un pastor y su rebaño. Continuamos con su leche durante los dos primeros años de pruebas caseras y de consolidación. Al principio era poca cantidad, apenas cinco litros, pero en la actualidad recogemos unos cien o ciento cincuenta litros cada semana para elaborar nuestros helados, una vez que abrimos nuestro local.

Aunque aún no tenemos nuestras cabras, Mario nos deja visitar a las suyas y pastorear con él. Hasta pudimos ayudarlo con la paridera y con la recría. Así que, sin su ayuda y sin el trabajo tan bonito y sacrificado que hace, Campo a Través nunca hubiera podido echar a andar.

Un día cualquiera en nuestra microheladería trashumante

Campo a Través empezó su andadura formalmente el 18 de mayo de 2024, que es cuando inauguramos nuestro local en San Lorenzo de El Escorial. Entonces, ni Mariluz ni yo habíamos dejado nuestros trabajos de fisioterapeuta y panadera porque no sabíamos cómo arrancaría la cosa y nos gusta ir con pies de plomo. Fue un día muy bonito, no hicimos ninguna fiesta, simplemente dejamos que el barrio se acercara, que curioseara. Y, para nuestra sorpresa, la expectación que había ido creciendo con la obra del local (mucha gente se preguntaba qué era eso de microheladería trashumante) se tradujo en muchas visitas para desentrañar el misterio. Ponemos mucho énfasis en explicar a cada persona que entra nuestro proyecto: le contamos que no somos una heladería al uso porque hacemos helados con leche de cabra natural y sin aditivos, que nuestra carta es rotativa y estacional, y que a diario ofrecemos un helado diferente, que puede que no repitamos a lo largo del año, porque hay cientos de combinaciones posibles. También contamos que Mariluz sube diariamente a por la leche con unas cántaras de acero inoxidable que enseñamos orgullosas, y que todo, absolutamente todo, se hace en nuestro pequeño obrador. No compramos nada de fuera, ni siquiera fruta procesada ni pralinés de frutos secos, sino que trabajamos directamente con agricultores ecológicos. Todo desde cero, para controlar la calidad de los ingredientes y los procesos.

Enseguida tuve que dejar la panadería (allí estuve dos años y medio, justo después de terminar en la Biblioteca Nacional). Yo pensaba que tardaría más, pero el apoyo de lxs vecinxs fue muy bueno desde el primer momento, y, como empezaba el verano y veíamos que la cosa crecía, los madrugones y el cansancio de mi anterior trabajo empezaron a hacerse incompatibles con aguantar otras diez o doce horas también en la heladería. Los comienzos son duros físicamente, pero también emocionantes. Pasamos un verano precioso, no especialmente cálido. Esto nos fue muy útil, porque las máquinas desprenden calor y, aunque el proceso es de producción de frío, a temperatura ambiente se hace difícil. Eso sí, apenas nos dio un rayo de sol porque incluso

Mariluz, que subía a por la leche y podía despejarse un poco por el camino, lo hacía a primera hora de la mañana. Durante ese verano cogimos una dinámica de producción que levemente teníamos los años anteriores, cuando hacíamos helado en casa. Nos adaptamos a nuestro espacio de cocina, fuimos reformulando las cosas que no funcionaban y mejorando las que sí. Nos ilusionábamos con cada receta que ideábamos, más aún cuando quedaba extraordinariamente rica. Los domingos por la tarde, por ejemplo, hacíamos una lluvia de ideas de los sabores que íbamos a ir elaborando a la semana siguiente. Un proceso muy divertido porque en heladería, aunque parezca lo contrario, todo es posible. Así creamos algunas de nuestras combinaciones de helado del día más arriesgadas, como el de chocolate y ajo negro, el de mango con kimchi casero, el de queso con chocolate, el de requesón con *stracciatella* de aceitunas negras, el de remolacha y eneldo, etc. Al principio parecía una locura, pero luego, trabajando el concepto y el sabor, fueron saliendo recetas increíbles. Además, veíamos que nuestro público se enganchaba con ellas, querían más y eran atrevidxs, y eso nos fascinaba. Dieron alas a nuestra creatividad.

Poco a poco hemos ido pudiendo incorporar otras cosas, como nuestra repostería horneada con leche de cabra, nuestros postres lácteos (cuajadas, arroz con leche, natillas, flanes, batidos) y nuestros fermentados de los que estamos muy orgullosas. Hemos desarrollado también un cultivo de yogur con las bacterias autóctonas que hay en la zona y al que llamamos «yogur del Guadarrama» porque está hecho en esta región y con cabras de la raza del Guadarrama (las de Mario), que están en peligro de extinción. La gente conecta mucho con este mensaje y nos ayuda a revertir la situación. A menudo vienen clientes que, cuando les contamos que trabajamos con cabras en pastoreo de la zona, nos explican cómo sus abuelos o abuelas, o sus padres, fueron pastores en sus pueblos. Lo dicen con nostalgia y brillo en los ojos, y se emocionan al ver que aún esta tradición no se ha perdido.

Hoy en día seguimos Mariluz y yo junto con mi madre, Marta, que nos ayuda en cocina. Mariluz se encarga de ir a por la leche, de gestionar los pedidos de quesos de los pastores con los que trabajamos, de organizar la tienda y de atender por las mañanas. Después mantiene su trabajo en el hospital, de momento. En la cocina estamos mi madre y yo, que nos levantamos temprano para hornear, arrancar a preparar el helado y demás elaboraciones que siempre hay que hacer. Y por las tardes atiendo a las personas que vienen a comprar.

A pesar de que este inicio está siendo duro porque trabajamos muchas horas diarias, no hay jornada que no me vaya a casa satisfecha con el trabajo que hacemos y con nuestro proyecto. Y creo que ese es el motor más importante de Campo a Través: la ilusión.

Cómo hacer helado en casa

Empecemos por comprender cómo se elabora un helado. Es preciso hacer dos cosas: emulsionar y enfriar, al mismo tiempo si es posible. Cuando hice el primero, no tenía en casa ningún instrumento que lograra eso, así que cogí una cubitera de hielo, de esas que tienen paredes isotérmicas, y la dejé enfriar toda la noche en el congelador. Al día siguiente, con la base del helado ya hecha, metí poco a poco el líquido en el recipiente mientras iba removiendo con unas varillas de cocina. Al principio es desesperante, pero yo, que he pasado mucho tiempo entre masas panaderas, sé que no se amasa en dos minutos: el trabajo manual requiere de paciencia, así que batí como unos diez minutos seguidos, haciendo pequeños reposos para descansar el brazo. Al terminar ese tiempo, apenas había una papilla líquida que tenía algo de consistencia, por lo que la metí en el congelador para que no perdiera excesivo frío y, a los diez minutos, de nuevo me puse a remover. Otros diez más tarde ya conseguí una especie de textura granizada que empezaba a parecerse algo a lo que andaba buscando. Seguí batiendo otros diez minutos más, pero esta tanda te la puedes ahorrar porque el resultado fue prácticamente el mismo: una sopa granizada de helado.

    Cualquiera hubiera dicho que mis esfuerzos habían sido en balde, pero no. Me di cuenta de que el proceso artesano me encantaba y de que, si quería algo más de consistencia, tenía que recurrir obligatoriamente a una herramienta especializada. Por ello miré en Wallapop y, ¡bingo!, la encontré. Aquella máquina con compresor de aire, con capacidad para un litro de helado, me sirvió durante unos seis meses para realizar mis primeras pruebas y constatar que, efectivamente, era helado lo que me gustaba hacer y podía tener algún tipo de futuro en esa profesión. Me enfrentaba a un oficio en el que los aparatos son muy costosos, por lo que necesitaba empezar a despachar producto para poder comprar la siguiente máquina. Eso fue lo que hice durante los siguientes seis meses: vendí helado a nuestros amigos, a nuestros familiares y al grupo de consumo del pueblo. He de decir que, sin el apoyo de este último, Campo a Través quizá no habría crecido nunca más allá del círculo de confianza que son los amigos y la familia. Pero allí estuvieron ellxs, queriendo cada vez más y más helado. Con aquellos primeros ahorrillos pude comprar una máquina semiprofesional, una Musso Stella que nos ha dado grandes ratos y deliciosos helados. He sido muy feliz con ella; de hecho, aún la uso y se la recomendaría a todo aspirante a heladero que se precie. Es una gran inversión. Sin embargo, y aunque he estado con ella hasta la apertura del local, solo podía fabricar un litro y medio de helado cada media hora. Mal asunto si quieres hacer una producción profesional diaria de helado.

Tanto estas dos primeras máquinas como aquel primer método de elaboración hicieron que me diera cuenta de que me gustaba mucho estar presente en el momento de mantecación del helado. Disfrutaba prestándole atención y cuidado y vigilando lo que estaba sucediendo. Es algo imposible de llevar a cabo con las máquinas industriales nuevas, donde los botones y programas digitales hacen el trabajo del heladero y apenas puedes observar lo que sucede en el momento más mágico del proceso: la emulsión. Así que busqué qué opciones tenía y me topé con «la máquina».

La Cattabriga Effe es la primera máquina profesional de helado que se creó y patentó en 1927, en Italia. Nadie ha podido replicarla. Bien hecho, si la cosa funciona es por algo. Tengo la sensación de que, cuanto más sencilla, intuitiva y robusta es la maquinaria, mejor. Como un coche antiguo que da gusto conducir y que además es fácil de soldar. La encontré en Milanuncios, la vendía un chico que había tenido una heladería por poco tiempo y que, a su vez, se la había comprado a un heladero italiano. La adquirí a ciegas porque, aunque era antigua, sabía que las posibles reparaciones serían asumibles. Lo fueron. Lo que más me gusta de ella es que apenas lleva electrónica, que me permite ver el helado en todo el proceso de agitación y que puedo domarla. También tiene algo que me encanta y es la extracción a pala, a remo, como yo la llamo. Aquí de nuevo sucede la magia, pues el helado está listo cuando el ojo heladero así lo percibe; no hay un botón que lo extraiga de la máquina: tienes que hacerlo como cuando un panadero saca con las manos el pan de la artesa, aunque en este caso con la ayuda de una pala larga en forma de remo, que te permite entrar en el helado, tocarlo y ver su punto.

La mantecación creo que no tiene color. Por mucho que digan, si la máquina es buena y la receta también lo es, no necesitas emulsionantes. He escuchado a muchos heladeros populares defender que el emulsionante es un ingrediente básico en la heladería, pero no estoy de acuerdo. Es como decir que la levadura química es imprescindible para hacer pan. Claro, ambos son necesarios para no complicarte la vida, para estabilizar tu recetario, pero con ellos corres el peligro de dejar de comprender cada ingrediente que utilizas porque todo, al final, te queda más o menos igual. Creo que en esas «ausencias» reside la magia del helado artesano, del pan de masa madre, del guiso que te hace tu abuela o tu madre, del queso que elabora el pastor de tu pueblo. Todos ellos comprenden el proceso, el ingrediente, su naturaleza.

De la leche y su grasa

El helado que conocemos nació como alimento para ser producido de manera rápida y consumido en grandes cantidades. Sin embargo, nadie tuvo en cuenta que su origen reside en el primer alimento que consumimos los mamíferos: la leche. Y que, además, esa leche no se da porque sí en la naturaleza, como cuando crece una planta silvestre, sino que necesita de un proceso natural que hemos dejado de comprender y, por tanto, de respetar. Para que exista, hacen falta una gestación y un nacimiento.

Entender el helado de una manera artesana implica conocer la esencia de los productos lácteos: la leche, su nata, elaborados como la mantequilla y fermentados como el yogur, el kéfir o los quesos. Parece obvio, pero en la mayoría de los casos la formulación del helado parte de un estándar en el que la leche siempre es contemplada bajo los parámetros industriales de la leche de vaca y la nata es nata «para montar» con un 35 o 38 por ciento de materia grasa. Cuando trabajas con leche de pastoreo o con leche de otros animales, este porcentaje cambia.

La leche de cabra, por ejemplo, depende de dos aspectos fundamentales. El primero es la raza del animal, porque hay algunas que tienen tendencia a producir más materia grasa, como, por ejemplo, las cabras malagueñas o las murciano-granadinas. El segundo es su alimentación. Por ejemplo, las cabras alimentadas con pienso producen más materia grasa, mientras que las que solamente han probado el pasto del monte producen menos (con variaciones en función de cómo se encuentre el pasto: si es verano y está más seco producirán menos, y si empieza a reverdecer el campo, la grasa aumenta).

Aunque pueda parecer una obviedad, no solo importa la producción de grasa, también es relevante la calidad de esta. Igual que no es lo mismo la grasa de un cerdo cebado que la de otro ibérico que pasta por las dehesas de Extremadura o Huelva y se alimenta a base de la montanera de bellotas, o la de un salmón salvaje que la de uno de piscifactoría, las cabras estabuladas producirán más grasa, pero de peor calidad. Esto es algo de lo que no se habla y que creo que los pastores tenemos la obligación de recordar. La mayoría de la leche que se consume en España, por no decir casi el 90 por ciento, proviene de granjas de intensivo donde ha sido tratada térmicamente de una manera muy agresiva para eliminar todas las bacterias, tanto las buenas como las posibles malas. El producto final casi carece de vida. Y hay un asunto esencial: la leche es vida, está viva, y así debe entenderse.

En mi opinión, el no cuestionarnos nuestro modelo de producción industrial y los alimentos que provienen de él es un problema importante. En la actualidad es muy complicado, especialmente en las ciudades, acceder a algún otro tipo de leche que no sea la de tetrabrik UHT, que posee una baja o nula calidad bacteriana. Además, los kéfires y fermentos que venden en las grandes superficies no son mucho mejores, puesto que parten de esta misma leche sin vida. En la mayoría de los casos, algunos problemas de salud se deben a la falta de acceso a productos más saludables, un acceso que cada vez será menor, puesto que los oficios del campo, los que cuidan, crían y desarrollan productos naturales sin aditivos ni conservantes, tenderán a desaparecer si no cambiamos la dinámica.

Por si esto fuera poco, el desconocimiento sobre este tema es enorme, y quienes nos dedicamos al campo nos vemos obligados a esforzarnos el triple para acercar toda la información sobre el valor real de nuestros productos a la población. Por ejemplo, a veces viene gente a nuestra tienda a preguntarnos por nuestros yogures porque, a pesar de que poseen una excelente materia grasa, no son como los griegos del supermercado. En esos casos, nos toca explicar que asociar el yogur griego de supermercado con algo positivo tiene mucho que ver con las campañas de publicidad y que, en realidad, esos yogures griegos que tanto chiflan a la gente presentan una materia grasa mayor, pero peor en cuanto a calidad. Proviene de animales estabulados que han sido cebados y engordados para producirla «artificialmente». Por no decir que además suelen llevar estabilizantes y espesantes para que esa materia grasa se quede compacta y no se diluya. Ojalá pudiéramos acceder todos a un buen yogur griego natural, elaborado por un pastor de ovejas en los montes de Grecia, cuya calidad de materia grasa fuera excelente y cuyo nivel de espesor tuviera que ver, simplemente, con que las ovejas producen un poco más de materia grasa que las cabras y las vacas. Todo se basa en entender de dónde viene cada producto y cómo ha sido tratado. Sin embargo, lo que sobra en una industria (un exceso de marketing) le falta a la otra (los pastores no han tenido oportunidad, o habilidades, para contar por qué sus productos son de mayor calidad).

En resumen: a la hora de elaborar un buen helado es importante saber con qué calidad lechera contamos. Por supuesto que puedes lograr uno decente con leche de tetrabrik, porque incluso la mayoría de las heladerías trabajan así. Pero, al igual que a ningún quesero, por muy malo que sea, se le ocurriría hacer queso con esta bebida, ¿por qué lo íbamos a hacer nosotras? Apuesta siempre que puedas por leche fresca o, mejor aún, si es posible, acércate a una ganadería y pide un litro (o dos) de leche. Sin darte cuenta, estarás haciendo un gesto y un gasto que trasciende mucho más de lo que te imaginas. Puede que incluso sea una semilla importante para que el pastoreo no se extinga y podamos seguir disfrutando de leches vivas, saludables, de unos quesos y helados nutritivos, orgánicos y, en definitiva, para mejorar la salud de nuestro cuerpo y nuestro entorno.

Los azúcares y su poder anticongelante

Con frecuencia los clientes que entran en nuestra microheladería nos preguntan por helados sin azúcar. La respuesta siempre es la misma: la receta del helado va ligada estrechamente al poder anticongelante que posee el azúcar de una manera natural y, para hacer helado sin azúcar, casi algo contradictorio, hay que añadir edulcorantes, estabilizantes, emulsionantes y muchas «es» con las que en ningún caso decidimos trabajar.

Por supuesto que compartimos que el exceso de azúcar es un problema muy grave en nuestra población. Y me remito al mismo dilema de la grasa: tiene que ver con lo que esconden los productos industriales. Se ha demonizado mucho el uso de este ingrediente dulce (al igual que ha ocurrido con el gluten y con la lactosa), pero no se ahonda lo suficiente en el debate. El problema no se debe a que el gluten, la lactosa o los azúcares sean negativos por sí mismos, sino al uso que se hace de ellos o a la manera en que se han generado, porque han sido, son y serán productos que se encuentran de manera natural en nuestro ecosistema y que han alimentado y ayudado a desarrollarse a miles de personas a lo largo de los siglos.

Los azúcares se encuentran presentes en la mayoría de los alimentos naturales que ingerimos, como, por ejemplo, la fruta, la leche, las hortalizas e incluso la carne. El quid de la cuestión tiene que ver con los procesos extractivos y los usos a los que se destinan. En cuanto al método extractivo, valga decir que lo mejor es trabajar con alimentos lo más naturales posible, es decir, que hayan sufrido el menor o ningún procesamiento. En el caso de los azúcares, podemos apoyarnos en la miel, que es el mejor azúcar que se puede usar. Sin embargo, no siempre es una buena idea introducirla en los helados puesto que, además de tener un mayor poder endulzante, su sabor floral es tan potente que puede anular otros matices que queremos destacar. No obstante, sí que puede ser un gran aliado de los helados de frutos secos o de chocolate, por su poder anticristalizante. Por eso te invitamos a trabajar, como alternativa, con el azúcar de caña lo menos refinado que se pueda, es decir, panela, azúcar moreno o mascabado.

En heladería también nos apoyamos en los azúcares de maíz, con menos poder endulzante pero más anticongelante. También es buena idea el sirope de agave. Ahora bien, es más complicado acceder a ellos y por eso hemos simplificado y unificado las recetas con azúcar de caña (puedes sustituir perfectamente, si tienes, parte del azúcar de caña de las recetas por azúcar de maíz, para conseguir una mejor textura y menor dulzor, en un equilibrio de 70 por ciento de caña y 30 por ciento de maíz).

La importancia de conocer los ingredientes y de los deshidratados

La última clave para entender un helado natural y artesano es lograr un equilibrio entre leche, grasa, azúcar y componentes secos. ¿A qué me refiero con ello? Realmente la elaboración es una cosa muy técnica y, por lo tanto, cada vez aparecen más y más ingredientes que ofrecen una «manera alternativa» de corregir posibles déficits en la formulación. Un buen helado (es decir, uno cremoso, con sabor, natural y que no cristalice) tiene un equilibrio extremadamente medido entre líquidos, materia grasa, azúcares y fibras. Es un helado difícil de realizar. Nosotras hemos tenido que hacer numerosas pruebas y leer muchos libros (incluso más allá de la heladería técnica) para entender los porqués de la magia que ocurre dentro de un helado que funciona y que es natural.

Lo principal es que, al trabajar con temperaturas negativas, la mayoría de los líquidos tienden a cristalizar. Es lo que ocurre con la leche, que tiene, además de su propia grasa, proteína y azúcar, mucha proporción de agua en su interior. Por ello, es necesario «capturar» esa agua naturalmente presente con otros ingredientes secos o deshidratados, como son los azúcares, las fibras de las frutas o la leche desnatada en polvo. Después de probar muchas recetas, esta última es nuestra recomendación para ayudar a que el agua de la leche se convierta en más leche, pero sin necesidad de agregarle más componente graso. Es la mejor manera de hacer helado cremoso y sin cristales que, además, carezca de estabilizantes. Nosotras hemos conseguido un productor de leche desnatada en polvo de cabra, pero lo normal es no encontrarla de una manera fácil en los supermercados ni en la venta online, por lo que puedes utilizar, si quieres, leche en polvo desnatada de vaca, a ser posible que ponga «sin aditivos ni ingredientes artificiales».

Otro de sus grandes aliados es la yema de huevo. El primer helado cremoso que se hizo (conocido como mantecado) fue gracias a la conjugación de tres ingredientes básicos: leche, yema de huevo y azúcar. La yema de huevo, además de aportar un poco más de grasa beneficiosa, con mucho contenido en omega 3, vitaminas y minerales, tiene lecitina de una manera natural. Eso la convierte en un potente emulsionante. De ahí que la mayonesa pueda airearse y montarse gracias a la incorporación del huevo o que los bizcochos suban por este mismo motivo. Esa es la razón de que siempre recomendemos que tu primer helado, como lo fue el nuestro, sea el de mantecado con piel de limón.

El helado de mantecado me recuerda mucho al sabor de unas natillas caseras de limón, ya que está hecho de una manera muy parecida y con los mismos ingredientes. Y, precisamente, porque muchos helados mantecados han perdido ese sabor tan hogareño, necesitábamos que el nuestro evocara a hogar, a las natillas que nos hacían nuestras abuelas, ese postre tan fácil y abundante en todas las casas (pues en casi ninguna faltaba leche, huevo y azúcar, que, en realidad, es la base de cualquier repostería tradicional). Lo imprescindible de unas buenas natillas, más allá de las especias que les quieras añadir, como la canela, la vainilla o la piel de algún cítrico, es la textura sedosa y a la par cremosa que se genera al cocer la leche junto con las yemas de huevo y el azúcar. Este equilibrio funciona muy bien tanto en caliente como en frío, así que optamos por visitar a nuestras abuelas para entender cómo hacían las natillas y ambas coinciden en su «secreto»: la proporción de leche con las yemas de huevo, que deben ser abundantes. Así hicimos el mismo helado, con abundantes yemas de huevo, que, además de darles gusto y textura aireada, le proporcionan un color precioso.

El primer helado

Este helado es la llave maestra de la mayoría de nuestras recetas. El proceso de elaboración será similar en todos los recetarios, por lo que comprender bien los pasos de este helado te servirá para que todo te vaya como la seda cada vez que quieras hacer otro diferente. Para ponerte manos a la obra, además de contar con leche recién ordeñada, o leche fresca de pastoreo, necesitarás huevos lo más naturales posible, y por ello lo mejor no necesariamente pasa por elegir huevos ecológicos, sino unos que sepas que son de gallinas que están en el campo. Si vives en una zona rural, esto será más o menos sencillo, pues aún queda mucha gente con animales en libertad. En caso contrario, te recomiendo que intentes comprar los huevos en algún ultramarinos o tienda ecológica en la que te expliquen un poco la naturaleza de sus productos. Nosotras utilizamos yemas de huevo de gallinas castellanas que pastan en Segovia. Todas nuestras recetas son para preparar un litro de helado, la cantidad perfecta para ocho personas.

INGREDIENTES PARA 1 L DE HELADO
(8 PERSONAS)
540 g de leche de cabra de pastoreo, 130 g de nata,
70 g de yemas de huevo, 180 g de azúcar,
80 g de leche en polvo desnatada,
2 g de sal, la piel de medio limón

ELABORACIÓN

Lo mejor, en cocina, es tener siempre preparada una *mise en place* con los ingredientes. Para todas las recetas necesitarás una báscula, una olla, unas varillas, un termómetro y un recipiente con tapa, sin olores adheridos y de un litro de capacidad que posteriormente meteremos en el congelador para que esté frío a la hora de extraer el helado.

Pesamos todos los ingredientes por separado (cuando vayas cogiendo maña, podrás hacerlo todo junto, directamente sobre la olla, pero la primera vez te recomiendo que lo hagas uno a uno, para ser más precisos en los pesos). Un gramo arriba o un gramo abajo no influye notablemente, pero veinte sí, por lo que intenta ser rigurosx en la medición. Una vez que tengamos pesados todos los ingredientes, los ponemos en una olla o cazo y llevamos al fuego para que alcance una temperatura de 72 °C a fuego medio, sin dejar de remover con nuestras varillas para que no se agarre al fondo. Cuando se alcance esa temperatura, retiramos rápidamente del fuego.

Para enfriarlo se prepara un baño maría inverso, con agua fría sobre la que colocaremos el cazo. Puedes hacerlo en la pila limpia, con el tapón puesto, por ejemplo, pero también servirá cualquier recipiente que sea más grande que el cazo si lo llenas con agua fría. Aquí la clave es remover de vez en cuando y, si hace falta, cambiar el agua hasta que la base haya bajado a 20-25 °C. Entonces será hora de sacarla del baño maría, taparla y guardarla en la nevera durante toda la noche.

Al día siguiente ya podremos hacer nuestro helado. Sacamos la base de la nevera y, con ayuda de un brazo triturador o emulsionador (túrmix), batiremos la mezcla para incorporar aire y que se integren de nuevo todos los ingredientes. Vamos encendiendo también la mantecadora, para que esté fría a la hora de verter la mezcla.

Cuando veamos que la cuba de la mantecadora ya está fría, echamos la base y dejamos que la propia mantecadora haga su proceso. Normalmente, una mantecadora casera tardará unos treinta o cuarenta minutos en trabajar un litro de helado. En este punto deberá haber ganado algo de textura. Si ves que no coge más consistencia, no lograrás mejorarla por mucho que la dejes, así que es preferible depositar la base en la cubeta que teníamos congelada y meterla corriendo en el congelador para que gane un poco más de estructura. La mantendremos en el congelador al menos tres horas. Pasado ese tiempo, el helado ya estará «estabilizado» y uniforme, y podrás sacar la parte que quieras tomar. Buen provecho y a disfrutar.

Otoño

Leche, piñones tostados y miel de pino verde

Sería lógico iniciar este recetario con las recetas de primavera, época en la que el ánimo comienza a estar más florido y va buscando frescor y viveza. Sin embargo, no podía concebir este compendio de recetas sin que comenzara por la estación que para nosotras más encanto tiene. El otoño es la época de la abundancia, de la recogida de los frutos que la naturaleza en esta latitud ha querido ofrecernos. Pero también es la estación del recogimiento, del trabajo de guarda, del cuidado. Otoño es la estación de la meditación, de la sabiduría, de la escritura, de la lectura. Es la época en la que empiezas a mirar con más sosiego, comienzas a detenerte, a reposarte en cada paisaje, en cada olor, en cada sabor. Creo que los helados cuando más se disfrutan es en esta época tan serena. Por eso inicio las recetas aquí.

Es octubre y acaba de entrar de lleno el otoño. Contemplo cómo llueve desde la ventana. Una nube tapa la cima de la montaña, la presión es baja y, aunque tampoco han bajado tanto las temperaturas como para echarse la manta, empiezo a notar los pies fríos. De una semana a la siguiente el cambio es importante. El calor del verano parece lejano, ahora la tonalidad es otra, la del ánimo y la del paisaje. Me alegro de haber disfrutado de los días cálidos y soleados de septiembre cogiendo moras y piñones pues, ahora que llueve, ambos se echarán pronto a perder. Al fondo veo cómo los robles empiezan a amarillear por sus copas. En una o dos semanas se tornarán completamente ocres. También los fresnos y los pinos han cambiado la viveza de sus colores y ahora exhiben un verde que, aunque más apagado, es más profundo, complejo. El enclave en el que tenemos el privilegio de vivir es único para apreciar con toda su intensidad esta estación. Y si hay un fruto por excelencia que puede definir este momento del año, más allá de las bayas silvestres y de las setas, es el piñón.

A finales de septiembre y principios de octubre, a los pinos les suceden dos cosas. La primera es que empiezan a asomar sus pequeñas piñitas verdes, de un perfume increíble. Y la segunda es que se pueden recolectar las piñas secas que han ido cayendo y, con suerte, encontrar algún piñón que no se hayan comido primero las ardillas. El piñón tiene este «algo», singular y mágico, que lo convierte en el rey de los frutos secos. El oro del monte. De poca producción y de difícil recolección, su sabor es tan suave y amable que quisieras no dejar de comer. Tenemos suerte de contar con algunos pinos piñoneros en San Lorenzo, pero también de estar cerca de Hoyo de Pinares, en Ávila, donde esta variedad abunda y sigue existiendo el oficio duro y arriesgado de recolector de piñas.

No obstante, lo mágico de los pinos es que los piñones aparecen solo el tercer año tras la polinización de la flor y que tras ese tiempo pueden confluir en un mismo momento los piñones ya maduros con las piñas que se quedarán en reposo en sus ramas durante otros tantos otoños. Por eso me siento especialmente agradecida cuando puedo coger los piñones y las piñas en verde para hacer un helado que me encanta y que creo que nos define. Unos piñones que fueron semilla dentro de una piña verde que coronaba la copa del árbol cuando, allá por 2021, terminaba la escuela de pastores y que ahora, tres años después, recojo para elaborar un helado con otras piñas en verde que juntas entre sí hacen el pasado, el presente y el futuro. Qué maravilla la naturaleza que simplemente está ahí, para aprovecharla.

Para realizar este helado necesitarás pasear por un pinar de pinos piñoneros entre septiembre y octubre, recoger las piñas que se han secado al sol y abierto sus escamas con el calor del verano, en su asoleo, y sacar los piñones uno a uno y con cuidado de no cortarte hasta tener, por lo menos, 25 o 30 piñones con su cáscara, que llevaremos a casa. También debes encontrar alguna rama un poco más baja por la que asomen las piñas verdes y cogerla, haciéndolas girar sobre sí mismas en un movimiento de rotación, como con los melocotones o los higos.

Al llegar a casa tendrás que sacar los piñones de dentro de las cáscaras. Yo lo hago con ayuda de un mortero, pero cualquier objeto duro y firme (por ejemplo, un martillo) será suficiente para golpear la cáscara hasta que se abra. Una vez separados, conviene lavar y secar los piñones. Si queremos potenciar su sabor, conviene precalentar el horno a 160 °C y hornearlos durante diez minutos o hasta que adquieran un color marrón roble. Si decides calentarlos en la sartén, toma la precaución de moverlos a menudo para que no se queme ninguna de sus caras.

En paralelo, puedes poner a calentar en una olla 100 g de azúcar moreno, 20 ml de agua y 10 g de piñas en verde previamente lavadas. Vamos a hacer una infusión a 65 °C sin llegar a hervir, pues esto les restaría aroma a las piñas. Yo lo hago en una bolsa al vacío. Pongo las piñas con el azúcar y un chorrito de agua, y las envaso al vacío durante un mes. Verás que el azúcar se va convirtiendo en una melaza de pino con un perfume increíble. Pero tú puedes hacerlo de una manera rápida y sencilla en una olla. Una vez que hayas infusionado las piñas con el azúcar, déjalo reposar durante al menos 24 horas en un bote hermético. Al día siguiente tendrás un sirope con todo el aroma del pino verde.

En este punto, existen dos variantes para continuar con la receta. Puedes incorporar este azúcar infusionado, sustituyéndolo por el azúcar de la receta de helado o, como a mí más me gusta, si te ha quedado un azúcar con consistencia de miel o sirope, reservarlo para decorar por encima la bola de helado junto con los piñones tostados.

Mi receta favorita, la que te traigo, es un helado de leche al que le echamos unos piñones antes de sacarlo de la mantecadora para que queden integrados, y que servimos con una miel de pino verde por encima. Si no dispones de ningún pinar cerca, será suficiente con comprar piñones de origen nacional y sustituir la infusión de sirope de piñas por miel de encina o de roble, que le dará también ese fondo resinoso al helado.

INGREDIENTES

*580 g de leche de cabra de pastoreo,
160 g de nata, 180 g de azúcar,
80 g de leche en polvo, 4 g de sal,
40 g de piñones, miel
o sirope de pino al gusto*

ELABORACIÓN

Calentamos todos los ingredientes en una olla, excepto los piñones y la miel. Vamos a hacer un helado de leche de cabra, sencillo y superrico, que los italianos llaman poéticamente *fior di latte*. Ponemos la olla al fuego medio hasta llegar a 72 °C y retiramos colocando la olla en un baño maría inverso de frío para que baje rápido la temperatura hasta los 22-23° C que te comenté en la receta base. Cuando esté frío, dejamos reposar la mezcla toda la noche en la nevera.

Al día siguiente emulsionamos hasta que se integre, con ayuda de un brazo triturador (túrmix), encendemos la mantecadora y, cuando llegue a la temperatura óptima, vertemos la mezcla en la cuba y mantecamos hasta generar la textura deseada. Antes de extraerlo, por cada litro de helado echamos en la cuba unos 40 g de piñones previamente tostados (mejor en el horno que en sartén, pero esta opción también es posible, vigilando todo el rato). Atención: no se deben echar en caliente, porque derretirán de nuevo el helado.

Llevamos, con ayuda de una espátula, la mezcla a un recipiente (que venga del congelador, pues necesitamos que esté lo más frío posible y no haya choque térmico al extraer el helado) y la dejamos reposar en el congelador al menos una hora, cubierta para que no entren olores indeseados. Cuando lo vayas a degustar, echa con hilo fino la miel o el sirope de pino por encima, y disfrutarás de estos olores y contrastes que a mí me recuerdan a un paseo otoñal por el campo.

Yogur fresco y moras silvestres maceradas

Ya te he contado que una de las decisiones más importantes que tomamos Mariluz y yo en nuestra vida fue venir a vivir al campo. Antes estábamos en pleno centro de Madrid, ciudad de la que hemos disfrutado enormemente y que nos encanta, pero los últimos meses antes de marcharnos algo nos estaba diciendo que aquel no iba a ser nuestro lugar. No te vamos a engañar, la decisión de mudarnos fue fortuita: nuestro casero se separó y necesitaba el piso en el que estábamos viviendo. Cuando nos pusimos a buscar otro lugar descubrimos que aquella era una tarea terriblemente ingrata y desesperante, porque la burbuja inmobiliaria es desorbitada y la cantidad de dinero que tienes que pagar por el alquiler de una casa en la que vivir dignamente resulta obscena. Fue Mariluz la que vio la posibilidad de venir a San Lorenzo de El Escorial, lo que me sorprendió mucho porque nunca me había mostrado una cara muy campestre. Sin embargo, supo decirme lo que en ese momento yo necesitaba oír, y quizá ella también: hay vida más allá de Madrid. Es más, hay mejor vida a las afueras. No eligió un sitio baladí, buscó un territorio con el que yo tenía un vínculo muy especial, pues había pasado parte de mi infancia en las laderas del monte Abantos, entre Peguerinos, Santa María de la Alameda y San Lorenzo de El Escorial. Cuando llegamos a la cita para ver el piso, aunque era muy antiguo, de construcción granítica y con poco aislamiento, nos enamoró. Tenía chimenea, mucha luz, árboles alrededor e incluso un terrenito en el que poder cultivar un pequeño huerto. Sin pensarlo, al día siguiente ya estábamos transportando los muebles y toda nuestra vida.

Aquella decisión fue como volver a mi infancia, a conectar con esa parte de mí que se había criado entre pinos soñando con una cabaña y vivir en medio del monte. Mi madre había tenido durante muchos años una *mobile home* en un camping en Peguerinos, un pueblo de Ávila que roza la sierra de Guadarrama y que, además, es considerado área de influencia de la sierra por la cantidad de especies autóctonas que alberga. Aquí se dice que Mariano de la Paz Graells encontró la mariposa más bonita del mundo. En honor a ella hay un monumento en medio de la montaña.

Cuando pienso en aquellos días de infancia y de felicidad absoluta, entiendo por qué elegimos venir a vivir aquí. Algo de mí se había quedado prendado de los aromas, colores y sensaciones que se producen en este monte en el que mi ánimo cambia con cada estación. Es imposible entender realmente los ciclos naturales sin observar los cambios estacionales y la influencia que tiene sobre nosotros el sol, pero también la lluvia, la humedad, la altura, el viento, la luna... Creo que de aquí me viene ese amor por la trashumancia, por abrazar el cambio y el movimiento, y celebrarlo cada vez como si no se volviera a repetir, porque la verdad es que no lo hace.

Si tuviera que elegir un helado que representara la confluencia entre mi infancia y el hecho de vivir de nuevo en esta montaña, de celebrarla, sería el de moras. Porque, si cada año tengo una certeza, esa es que septiembre se viste de zarzamoras repletas de frutos. Unos años son mejores, otros peores, pero el sabor siempre representa este lugar.

INGREDIENTES PARA LA MERMELADA DE MORAS MACERADAS
1 kg de moras, 200 g de azúcar

ELABORACIÓN DE LA MERMELADA DE MORAS MACERADAS

Para hacer este helado de yogur de moras silvestres necesitaremos hacer previamente la mermelada. Como me gusta intensificar el sabor y el olor de la mora, suelo dejar una semana en reposo una bolsa al vacío con 1 kg de moras y 200 g de azúcar de caña rubio (el azúcar moreno nos servirá para otras recetas y lo puedes usar aquí, pero a mí me gusta el rubio, llamado también «golden», porque no tiene tanto perfume y permite que la mora se expanda). Después de una semana, al abrir la bolsa o el táper donde hayas guardado las moras, disfrutarás del perfume que han sacado. Trituradas, podrás utilizarlas como sirope. Pero vamos a ponerlas a hervir en una olla para que su agua reduzca un poco y queden con mejor consistencia. Bastará con diez minutos a fuego medio sin dejar de remover para que no se nos agarren. Una vez terminado este proceso, las reservamos en frío.

INGREDIENTES PARA EL HELADO
270 g de leche de cabra de pastoreo, 170 g de nata,
200 g de yogur, 140 g de moras maceradas,
160 g de azúcar de caña, 60 g de leche en polvo,
4 g de sal

ELABORACIÓN DEL HELADO

En primer lugar, mezclamos todos los ingredientes (incluida la proporción de moras maceradas en una olla), excepto el yogur, puesto que a temperatura superior a 43 °C pierde sus propiedades y cambia su sabor. El yogur lo puedes comprar ya hecho o, mejor aún, hacerlo en casa (en ese caso, simplemente necesitarás una temperatura constante de 43 °C durante seis horas para una mezcla de 1 l de leche por 25 g de yogur). Yo lo hago en el Roner, donde en un baño maría controlado meto un recipiente con la leche y el cultivo de yogur, y lo programo durante seis horas. Pero hay quien lo hace en el horno o en yogurteras preparadas para su elaboración. Si decides comprar el yogur, que sea de cabra de pastoreo o al menos ecológico. Notarás la diferencia.

Volviendo a la base del helado, una vez que los ingredientes hayan alcanzado en la olla una temperatura de 72 °C, la retiramos del fuego y metemos en un baño maría inverso de frío para que descienda rápido su temperatura. Cuando haya bajado de 40 °C y esté templada, podemos añadir la cantidad de yogur de la receta. Después, dejamos reposar la mezcla al menos un día en la nevera.

Al día siguiente, encendemos la mantecadora para que se enfríe mientras vamos emulsionando la base con ayuda de un brazo triturador. Una vez hecho, la metemos en la cuba hasta que se genere la textura de helado deseada. Finalmente, la sacamos con ayuda de una espátula a un recipiente previamente congelado y la guardamos en el congelador al menos tres horas antes de servir. Cuando vayas a servir el helado, puedes añadir más mermelada de moras por encima. Lo subirá de nivel.

Earl Grey con malvaviscos de chocolate y jengibre

Muchos de los viajes que he hecho a veces son más de vuelta que de ida. Y, en ocasiones, regreso a ellos en presente, aunque hayan tenido lugar tiempo atrás.

La cultura inglesa siempre ha sido influencia e inspiración para mi desarrollo espiritual. Estudié en un colegio irlandés y he crecido, como la mayoría de los adolescentes milenials, empapada de las jergas, las tendencias y las estridencias del pop anglosajón.

Estaba estudiando la carrera de Comunicación audiovisual cuando en el tercer curso me surgió la posibilidad de hacer un intercambio Erasmus. Volar fuera del nido. Eché la solicitud y me admitieron en la universidad que había escogido en primer lugar, el King's College de Londres, donde había estudiado Virginia Woolf, situada en pleno The Strand, a las orillas del río Támesis. Recuerdo que la noticia me impactó, no esperaba acceder a una universidad tan potente, con tanto renombre. Menudo privilegio. Llegué en septiembre, con mis cosas empaquetadas, y me planté en el centro de Londres como cuando Paco Martínez Soria llegó a Atocha con nada más que dos gallinas en *La ciudad no es para mí*. Obviamente, lo de las gallinas es un decir, pero la sensación fue tal cual. Había pasado el verano intentando conseguir una habitación de alquiler, pero aquello fue misión imposible. Así que allí estaba, en mi primera noche en Londres y sin un sitio donde dormir. Por suerte, mi madre y yo encontramos un hostal de habitaciones compartidas a las afueras de la *city* en el que nos quedamos varias noches hasta que tuviéramos algo donde pudiera alojarme al menos unos meses. No os quiero aburrir con mi odisea, que me guardo para otro momento. Finalmente acabé encontrando una habitación enmoquetada en un octavo piso en Earl's Court, desde donde veía a lo lejos el London Eye y las buhardillas grisáceas tan de los Beatles. Era indecentemente cara, pero también barata para lo que había. Y ahí no acabaron mis dramas: yo había solicitado un intercambio con mi carrera de Comunicación, pero la beca ofertada era para una carrera de Hispánicas, así que todas las asignaturas que cursé no tenían nada que ver con lo que yo estaba estudiando. Qué paradojas tiene la vida, salir de España para estudiar a Goya o a Cervantes desde la perspectiva de un inglés. Decidí que aquello podía ser una buena experiencia: me encantaba nuestra cultura y fue una excelente oportunidad de profundizar en ella.

Así que pasé cinco meses estudiando el *Quijote*, la obra de Goya, el Siglo de Oro y el Romanticismo español. Aquello me marcó mucho, lo viví. De hecho, de tanto leerlo, el *Quijote* se convirtió en mi libro preferido y fue un puente con mi casa, con mi tierra. Entendí de lleno las sombras, los desvaríos y los monstruos del sueño de una razón que empieza mucho antes que Goya y que tiene mucho que ver con nuestras raíces. En fin, no estoy aquí para hablarte de literatura, pero sí que me gusta que entres en el contexto de lo que subyace a las siguientes recetas.

Para muchxs de lxs que salimos de casa, siempre podemos regresar a nuestro hogar a través de los fogones. Se puede decir que aprendí a cocinar en Londres, a través de videollamadas con mi abuela y con mi madre en las que me explicaban cómo hacer cocido, lentejas, una buena tortilla de patatas, torrijas o arroz con leche. Algunos de sus secretos te los iré contando. Pero ahora el viaje es a la inversa: voy a volver a vivir por un momento en Londres a través de estas recetas que son una parte del «hogar» que construí en una pequeña habitación de un octavo piso en Earl's Court Road.

Si algo me impresionó nada más llegar a la capital británica fue el que tuvieran tanta leche fresca en el supermercado. De hecho, no existía la leche UHT. Es algo que pone en valor la riqueza de los pastos del país y es muy importante a la hora de entender su crema inglesa. Para mí, es lo mejor que existe en el recetario inglés. Yo la he adaptado para hacerla en una versión helada, que se parece ligeramente a nuestra base de mantecado, y que en primavera suelo acompañar con una confitura de ruibarbo y fresas que se puede guardar todo el año. Ahora bien, aquí traigo la receta de helado de crema inglesa porque, así sola, es una base perfecta para echarle lo que se quiera por encima. Lo admite todo.

INGREDIENTES

*540 g de leche de cabra de pastoreo,
100 g de nata, 100 g de yemas de huevo,
180 g de azúcar, 80 g de leche en polvo desnatada,
2 g de sal, 1 vaina de vainilla*

ELABORACIÓN

Pesamos todos los ingredientes y, cuando los tengamos pesados, los ponemos en una olla o cazo y llevamos al fuego para que alcancen una temperatura de 72 °C a fuego medio, sin dejar de remover con nuestras varillas para que no se agarre el fondo. Una vez alcanzada la temperatura, la retiramos rápidamente del fuego.

Para enfriarla preparamos un baño maría inverso, con agua fría sobre la que colocaremos el cazo. Puedes cambiar el agua si es necesario hasta que la base haya bajado a 20-25 °C. Entonces será hora de retirarla del baño maría, taparla y guardarla en la nevera durante toda la noche.

Al día siguiente, sacamos de la nevera la base y, con ayuda de un brazo triturador o emulsionador (túrmix), batiremos la mezcla para incorporar aire y que se integren de nuevo todos los ingredientes. Vamos encendiendo también la mantecadora para que esté fría a la hora de verter la mezcla.

Cuando vemos que la cuba de la mantecadora ya está fría, echamos la base y dejamos que la propia mantecadora haga su proceso. En el momento en que notemos que el helado ha espesado, es decir, que se ha generado una textura cremosa, lo extraemos con ayuda de una espátula y lo dejaremos en el congelador al menos tres horas, cubierto para que no le entren olores indeseados. Pasado ese tiempo, el helado ya estará «estabilizado» y uniforme, y podremos sacar la parte que se quiera tomar.

Sin embargo, hay algo mucho más otoñal que me recuerda a mi estancia en Londres. Es el aprovechamiento de esa receta de crema inglesa, ya que para hacerla, como has visto, se necesitan un montón de yemas de huevo, pero no sus claras. Con las claras de huevo haremos merengues secos de chocolate y jengibre para acompañar un helado de té Earl Grey que me transporta directamente a los sillones de la cafetería de la universidad, en los que estudiaba y me sumergía en las lecturas del *Quijote*, desde la orilla del Támesis.

INGREDIENTES PARA EL MERENGUE DE CHOCOLATE Y JENGIBRE

100 g de claras de huevo de aprovechamiento de otras recetas, 100 g de azúcar glas, 2 g de jengibre, 2 g de chocolate en polvo desgrasado

ELABORACIÓN DEL MERENGUE DE CHOCOLATE Y JENGIBRE

Para el merengue necesitaremos unas varillas, tiempo y paciencia. Si tienes batidora profesional, te ahorrarás bastantes sudores (aunque, durante mucho tiempo, yo lo he hecho a mano). Debemos batir con energía las claras de huevo en un bol grande hasta que cambien de color a blanco brillante y no quede nada de clara líquida en la base. Para comprobar que se ha llegado al punto de nieve, tumbamos un poco el bol hacia un lado y vemos que no se caen. Entonces, llega el momento de incorporar el azúcar glas poco a poco, batiendo constantemente y con ligereza. Cuando esté todo el azúcar glas montado, el merengue no debe haber perdido consistencia. En este punto solo faltaría el chocolate y el jengibre que teñirá la mezcla de marrón clarito, y ha de incorporarse batiendo de igual modo. En una placa de horno y con papel sulfurizado, pondremos la mezcla y la aplanaremos con espátula hasta que quede una capa de un centímetro, aproximadamente. Así se secará antes en el horno. Encenderemos el horno, programado a unos 70 °C durante al menos cuatro horas (o hasta que veas que está seco). Se puede subir la temperatura hasta 100 °C para ganar algo de tiempo. Una vez horneados, reservamos.

INGREDIENTES PARA EL HELADO
DE TÉ EARL GREY

*580 g de leche de cabra de pastoreo, 160 g de nata,
170 g de azúcar moreno, 10 g de té Earl Grey,
80 g de leche desnatada en polvo,
4 g de sal*

ELABORACIÓN DEL HELADO DE TÉ EARL GREY

Para el helado, necesitamos verter todos los ingredientes en una olla y llevar a 72 °C para, acto y seguido, meter la mezcla en un baño maría inverso que baje de temperatura. Antes de guardar en la nevera para que repose al menos durante una noche, colaremos el té de la propia mezcla para que no dé amargor. Al día siguiente, batimos la base con ayuda de una túrmix y vertemos todos los ingredientes en la mantecadora (cuando esté en la temperatura adecuada) para emulsionar hasta generar una consistencia helada. Llevamos la mezcla a un recipiente previamente congelado y la metemos en el congelador durante al menos tres horas para que gane consistencia. A la hora de servir, rompemos la placa del merengue seco y esparcimos los pedazos por encima del helado como si de un *crumble* se tratara.

El sol tardío de los membrillos

El membrillo es un fruto que representa un tipo de cocina y gastronomía muy humilde y rural. Apenas se comercializan como fruto en fruterías o supermercados y es un descarte que las confiteras y mermeladerías recogen para hacer carne de membrillo, normalmente con excesiva cantidad de azúcar. Sin embargo, el membrillo tiene un perfume y sabor mágicos que hay que saber realzar en lugar de enmascarar. La clave de las frutas de otoño, como el membrillo o el caqui, es el tiempo. En otoño entra el frío y los frutos que tienen su momento en esta estación maduran de manera más lenta (en contraposición con los de verano, que son veloces y fugaces) pues el calor, que es lo que hace que los azúcares se acaben transformando en jugos, está mucho menos presente y eso requiere mayor paciencia por nuestra parte. Así las frutas también entran en simbiosis con las estaciones. En resumen, con el membrillo hay que tener tiempo y esperar a que haya alcanzado dulzor, normalmente cuando su corteza amarillo limón pasa a ser casi dorada. Existe un documental precioso de Víctor Erice, *El sol del membrillo*, que habla precisamente del tiempo a través de la maduración de esta fruta. Comprendí el verdadero mensaje de la cinta después de elaborar helados con ellos.

Además, el membrillo es el mejor compañero de los quesos. Hay otras confituras que pueden destacar sobre el protagonismo de los quesos, pero el membrillo es la única fruta que respeta sus aromas y se funde con su sabor. Es la parte dulce y fresca de la que el queso carece. Pero elaborarla con excesivo azúcar hace que pierda protagonismo. Todos los otoños mi madre tiene como tradición elaborar mermelada, normalmente con membrillos regalados por algún vecino que no sabe qué hacer con ellos, pues su carne es dura y son difíciles de pelar. En casa se les saca el mejor partido.

INGREDIENTES PARA LA MERMELADA
DE MEMBRILLO DE MI MADRE
*1 kg de membrillo ya pelado y troceado,
350 g de azúcar moreno, 1 pizca de canela al gusto,
1 pizca de sal, 10 ml de zumo de limón*

ELABORACIÓN DE LA MERMELADA
DE MEMBRILLO DE MI MADRE

A mí me gusta que los membrillos desarrollen su sabor a través de un proceso corto de maduración-fermentación con azúcar. En un recipiente incorporamos 1 kg de membrillos pelados y cortados en trozos pequeños, junto con el azúcar, el limón y la canela, y dejamos madurar en la nevera al menos durante 24-48 horas. Cuanto más tiempo, mejor. Después verteremos la mezcla en una olla y la pondremos sobre un fuego a media potencia hasta que su carne se haya ablandado y podamos triturarla sin dificultad (normalmente el membrillo requiere de cocciones largas y te llevará seguramente más de una hora). Finalmente, trituramos para generar una mermelada espesa y densa. Si quieres hacer carne de membrillo, bastará con que la dispongas sobre un molde con la forma que quieras darle.

INGREDIENTES PARA EL HELADO
*490 g de leche de cabra de pastoreo,
170 g de nata, 140 g de mermelada de membrillo,
140 g de azúcar de caña, 60 g de leche en polvo
desnatada, 4 g de sal*

ELABORACIÓN DEL HELADO
Para hacer el helado necesitarás mezclar todos los ingredientes en una olla. Cuando alcancen una temperatura de 72 °C, hay que retirarla del fuego y meterla en un baño maría inverso de frío para que baje rápido su temperatura. Después, dejaremos reposar la mezcla durante al menos un día en la nevera.

Al día siguiente, tras encender la mantecadora para que esté fría, verteremos la mezcla que batiremos hasta que se genere la textura de helado deseada. Lo sacamos a un recipiente previamente congelado y lo guardamos en el congelador un mínimo de tres horas antes de servir. Cuando vayas a servirlo, puedes añadir más mermelada de membrillo por encima, algo que lo hará aún más delicioso. Y, si te atreves, este helado puede ser el complemento perfecto de cualquier tarta de queso.

Manzanas frescas y asadas

Se dice que hay unas siete mil variedades de manzanas en todo el mundo y, al igual que pasa con otras frutas como los plátanos o las peras, apenas conocemos cinco o seis de ellas, las que más se comercializan. Esto no significa que el resto no sirvan. Al contrario, para nosotras tienen más valor, pues apenas quedan agricultores que conozcan sus árboles y las semillas autóctonas de sus pueblos. Por eso, siempre nos ha maravillado la cultura de la sidra, que es, como la de la uva, un gran almanaque de sabiduría en el que se aprovecha y realza cada sabor y aroma de la variedad empleada.

Nos fascina el mundo de la sidra porque es uno de los fermentos alcohólicos que menos han sufrido la industrialización y también que menos aditivos lleva. La sidra casi siempre es natural y se produce con pleno respeto al proceso de fermentación espontánea de la propia manzana. Hemos probado numerosas de varias regiones. Aunque las más famosas son las de Asturias, donde encuentras lagares antiquísimos llenos de olor a manzanas y castaños (de ahí que las barricas más comunes, en vez de roble, sean de castaños de la zona), las hay por toda la cornisa cantábrica e incluso en la Alpujarra granadina. Y, desde mi punto de vista, aunque las manzanas y este fermento pasen desapercibidos, bien podrían representar a la gastronomía europea.

Por eso, en temporada nos encanta hacer acopio de manzanas raras que vamos encontrando, para hacer pruebas de sabor y fermentado. En este punto quiero mencionar el caso de las manzanas pata de lobo que cultiva Javier en Gredos y que son una exquisitez. En la región se conocen como «reinetas pardas», pero se dice que provienen de las francesas *patte de loup*, que tienen ese nombre porque en la parte superior suelen estar rasgadas como si fuera por la pezuña de un animal. Bueno, de un lobo. En apariencia son feas, muy mates, con una tonalidad apagada, con una piel rugosa y a veces abierta por esta pequeña herida que le sale en su parte superior, pero tienen un sabor exquisito. Te pongo este ejemplo porque normalmente nos fijamos mucho en el aspecto de la fruta, que tenga brillo, color y ningún roce, que sea homogénea y perfecta. En ese proceso de perfección, estamos dejando atrás los sabores más auténticos de las variedades menos agraciadas, que ya casi ni se cultivan.

Cuando probamos las manzanas de Javier, nos enamoramos y le compramos toda la producción que tuvo ese año, alrededor de cien kilos.

Tomando como referencia la cultura sidrera, nos dimos cuenta de que el sabor de las manzanas se realza con un proceso corto de fermentación, así que las dejamos reposar y fermentar a temperatura fresca y controlada durante varios días, con algo de azúcar para que suelten todos sus aromas y sus jugos y luego en el helado se expresen mejor.

INGREDIENTES PARA LAS MANZANAS MACERADAS
1 kg de manzanas reineta, 300 g de azúcar

INGREDIENTES PARA LA COMPOTA DE MANZANA
1 kg de manzanas reineta, 200 g de azúcar

INGREDIENTES PARA EL HELADO
490 g de leche de cabra de pastoreo, 170 g de nata, 140 g de manzanas maceradas, 140 g de azúcar de caña, 60 g de leche en polvo, 4 g de sal

ELABORACIÓN

Para elaborar las manzanas maceradas, en un recipiente incorporamos 1 kg de reinetas cortadas en trozos pequeños junto con el azúcar y dejamos madurar en la nevera al menos durante 72 horas. Cuanto más tiempo, mejor.

Para la compota, pelamos y cortamos las manzanas reineta en dados y las ponemos junto con el azúcar en una olla hasta que su carne se haya ablandado y asado. Finalmente, trituramos para generar una compota.

Para hacer el helado, hay que mezclar todos los ingredientes en una olla y llevarlos a 72 °C. Cuando se haya alcanzado esta temperatura, la retiramos del fuego y la metemos en un baño maría inverso de frío. Después, dejamos reposar la mezcla durante al menos un día en la nevera. Una vez pasado el tiempo, encendemos la mantecadora para que esté fría y vertemos la mezcla, que batiremos hasta que se genere la textura de helado deseada.

Lo ponemos en un recipiente previamente congelado y guardamos en el congelador al menos tres horas antes de servir.

Sugerencia de presentación: puedes añadir la compota de manzanas asadas por encima, para convertirlo en un festival sidrero. Y, si te atreves, este helado puede ser el complemento perfecto de cualquier postre a base de avellanas, canela o mantequilla.

Natillas al azafrán

Esta receta es un viaje a la sencillez. La repostería, lejos del artilugio y la sofisticación actuales, empezó siendo una cosa humilde y nutritiva. Más que un capricho fue alimento. Creo que este es un buen punto de partida para entender los recetarios españoles, en los que abundan las elaboraciones endulzadas con miel o con especias como el azafrán, las semillas como el ajonjolí, cítricos aromáticos como la naranja o el limón, o las mezclas a base de mantequilla y aceite de oliva. A nosotras nos gusta mirar el helado desde este mismo prisma, como algo que es nutritivo, que parte de ingredientes de la tierra, de temporada, sacando el máximo provecho y sabor a lo que tenemos a mano.

Si nos preguntas de dónde viene esta visión, creo que la respuesta es fácil: de nuestra infancia, de habernos adentrado en el desván de las reliquias que es la memoria de nuestras abuelas. Un desván que, para quien no tenga interés, estará cubierto de polvo. Pero en el que quien sepa mirar hallará el destello dorado de las raíces culturales de lo que somos. Nuestro imaginario tampoco sería posible si no hubiéramos conocido a agricultores, ganaderos, pastoras... En definitiva, a aquellas personas de campo que aún cultivan, con pasión, unas profesiones ancestrales, y que custodian, sin ellxs realmente ser conscientes, las semillas que seguirán alimentando a generaciones desde la honestidad.

Hay pocas especias que me gusten más que el azafrán. Se recolecta en octubre, sobre todo en territorios de la Mancha. Me parece increíble que los pistilos de una flor sean tan frágiles y elegantes, con tanto color y aroma, tras crecer en medio de cantos rodados y tierra árida. Como el vino. Teniendo el mejor azafrán del mundo, es curioso que hayamos podido prescindir de esta especia en nuestra cocina y que no tengamos más repostería con ella como base. Resulta realmente sorprendente ver cómo confluye el imaginario repostero tradicional en ciertos ingredientes como la leche, el huevo, la mantequilla o el aceite, y que especias como la canela, que se cultiva tan lejos de aquí, sea clara protagonista de nuestros recetarios. Sin quitarle mérito y protagonismo a la canela, que es sencillamente maravillosa. Sea como fuere, esta fue la razón de que decidiese elaborar más recetas con azafrán: apenas se encuentran en repostería dulce.

Me di cuenta de que el azafrán combina genial con ciertas frutas, sobre todo con las de hueso: melocotones, nectarinas, paraguayas y, mis preferidos, los albaricoques. De hecho, una de las recetas que mejor nos definen es el helado de yogur con azafrán y albaricoques. La acidez del yogur que ha sido coagulado tras infusionar los pistilos y el contraste de los albaricoques ligeramente dulces y ácidos es una deliciosa explosión de sabores. Pero el potencial del azafrán no termina ahí, su versatilidad hace que también se conjugue de manera magistral con la acidez y con la amabilidad del dulzor de la leche, las almendras o el huevo.

Con este último es con el que he encontrado su matrimonio perfecto. Quise hacer unas natillas tradicionales para la época de más frío en nuestra heladería. Pero, a pesar de que utilicé muchas yemas de huevo ecológicas, no conseguí que tuvieran un color amarillo intenso (ya que este tipo de yemas no suelen provenir de una alimentación exclusivamente a base de maíz, que es lo que les suele otorgar este color). Así que me pregunté cómo podía mejorarlas, pues el aspecto visual también es importante. Y es ahí cuando se me ocurrió incorporar un poco de azafrán. Curiosamente, aparte de subirles la tonalidad hacia un amarillo anaranjado superbonito, les dio un toque especial, sacándolas del clásico sabor a canela para adentrarlas en un regusto más complejo, con más capas, que se iba abriendo conforme ibas probando más y más.

INGREDIENTES

540 g de leche de cabra de pastoreo, 140 g de nata, 2 g de azafrán, 60 g de yemas de huevo, 170 g de azúcar moreno, 80 g de leche desnatada en polvo, 3 pieles de limón, 4 g de sal

ELABORACIÓN

Pasteurizamos todos los ingredientes en una olla, incluidos el azafrán (previamente molido fino, para que se integre mejor) y las yemas de huevo. Este es un helado sencillo pero superrico, con sabor a natillas. Calentamos hasta llegar a 72 °C y retiramos del fuego, poniendo la olla en un baño maría inverso de frío para que baje corriendo la temperatura. Cuando esté frío, dejamos reposar la mezcla toda la noche en la nevera.

Al día siguiente, vertemos la mezcla en la mantecadora (previamente enfriada) y mantecamos hasta generar la textura de helado deseada. Se extrae a un recipiente previamente congelado, para que esté lo más frío posible y no haya choque térmico al depositar el helado. La mezcla debe reposar en el congelador al menos tres horas, cubierta para que no entren olores indeseados.

Lo sacamos del congelador unos diez minutos antes de degustarlo, para que no esté tan frío y presente una textura a medio camino entre un helado y la untuosidad de unas natillas.

Bellotas y cacao

Ya no se comen bellotas. O al menos no como se hacía antes. La bellota es un fruto de otoño, como el castaño o la nuez, con los que comparte textura y, aunque su sabor no sea tan pronunciado, es increíblemente peculiar. Las más dulces son las de la encina, si bien también son comestibles las del roble, un poco más astringentes (por eso hay que lavarlas o cocerlas en agua para que suelten ese amargor inicial).

Durante mucho tiempo estos frutos formaron parte de nuestra alimentación. Al igual que es común encontrar harina de castañas en Galicia, por su abundancia, que ha sido utilizada en multitud de elaboraciones, sobre todo en panadería, también la de la bellota sirvió para elaborar panes y dulces.

En San Lorenzo abundan los robledales, por lo que en mis paseos otoñales siempre me fijo en cómo van cayendo estos frutos al suelo. Ya que solo los ingerirían un puñado de jabalís, decidí investigar sobre sus usos y me animé a trabajar con ellos.

INGREDIENTES
450 g de leche de cabra de pastoreo, 160 g de nata, 100 g de bellotas, 100 g de azúcar moreno de caña, 80 g de miel de encina, 70 g de leche desnatada

en polvo, 30 g de cacao puro en polvo,
2 g de sal, 1 corteza de roble pequeña,
de no más de dos centímetros

ELABORACIÓN

Este helado requiere dar un paseo por un robledal y recoger unas cuantas bellotas grandes y lustrosas, que no tengan agujeros y que estén uniformes, como si hubieran caído recientemente del árbol. Coge siempre de más, porque algunas habrán sido alimento de algún inquilino que te encontrarás a la hora de abrirlas.

En casa, quítales la caperuza, lávalas bien y ponlas a hervir con agua limpia en un cazo durante al menos treinta minutos para que suelten su amargor y se queden tiernas, como una castaña. Tras dejarlas enfriar, con ayuda de una puntilla o un cuchillo fino ha de quitarse la cáscara y, a continuación, triturarlas para generar una pasta homogénea de bellotas.

Ahora vamos a hacer la base del helado: ponemos todos los ingredientes (incluidas las bellotas ya lavadas y cocidas y un trocito de corteza de roble previamente lavada que dará también perfume a la base), excepto la miel, en una olla para llevarlos a 72 °C. Cuando se haya alcanzado esta temperatura, quitamos la corteza de roble y llevamos el resto de la mezcla a un baño maría inverso para que baje su temperatura. Una vez que se haya templado, agregamos la miel que faltaba y la dejamos enfriar durante una noche en la nevera.

Al día siguiente, emulsionamos la mezcla con ayuda de un brazo batidor para incorporar de nuevo la nata y que todos los ingredientes se integren (sobre todo para que no queden trozos de bellotas aún sin triturar) y ponemos en la mantecadora ya fría. Esperad a que suceda la magia. Cuando la textura del helado se haya generado, entonces la extraemos a un recipiente previamente congelado y la llevamos al congelador para que repose al menos unas tres horas antes de disfrutar del helado.

Champiñón silvestre y *stracciatella* de chocolate

Otoño es la estación de los hongos. La humedad en esta época del año hace que los terrenos se nutran, que vuelva a brotar el verde de las praderas y que debajo de los sustratos de terrenos montañosos y fértiles se empiecen a estimular las micorrizas, los rizomas de los hongos, y empiecen a salir sus capuchas sobre la tierra. Es un espectáculo ver el campo en esta temporada, tiene algo de mágico. No me parece aleatorio que los gnomos y duendes imaginarios de los bosques siempre hayan estado asociados a las setas que aparecen de la nada cada año, solo si las condiciones son buenas.

Nosotras somos unas enamoradas de estos hongos, que son una muestra del bienestar de los montes, y todos los años nos escapamos de nuestras rutinas para pasear durante horas con la cabeza gacha, la navaja, una cesta de mimbre y la ilusión de encontrarnos estos sabrosos regalos que nos da la naturaleza. Desde pequeña recojo setas, y cada año voy conociendo más y más variedades, y, aunque muchas son comestibles, no todas son tan exquisitas como los apreciados boletus, los níscalos, los pies violetas o las amanitas.

Aunque, por su sencillez, a nosotras nos encantan los champiñones silvestres. Cuando están crudos, son de un tamaño no muy excesivo y aún no han abierto toda su copa, sino que están prietos y firmes, tienen un increíble sabor a tierra y a nuez, a cobertura de queso. Eso los convierte en un perfecto aliado para elaborar en repostería.

En alguna ocasión hemos desarrollado un helado a base de chocolate con infusión de champiñón, pero como mejor se aprecia la riqueza de este hongo es simplemente con una infusión en su leche que hace que se destaquen sus matices a humedad y que, a ciegas, da la sensación de que te estuvieras tomando un queso con cobertura de moho. Simplemente así ya está buenísimo, pero con el objetivo de darle un toque diferente (pero clásico, para que no sea tan arriesgado), le ponemos unas virutas de chocolate del 60 por ciento para generar contraste y sabores reconocibles dentro de lo inesperado de este helado.

INGREDIENTES

460 g de leche de cabra de pastoreo, 180 g de nata, 100 g de champiñón silvestre, 180 g de azúcar blanco, 80 g de leche desnatada en polvo, 4 g de sal

ELABORACIÓN

Calentamos todos los ingredientes en una olla y llevamos a 72 °C. Cuando haya alcanzado esta temperatura, retiramos corriendo a un baño maría inverso para que la mezcla enfríe rápido. En cuanto esté fría, reservamos en la nevera hasta el día siguiente.

Pasado ese tiempo, encendemos la mantecadora y metemos la mezcla en la cuba. Mientras tanto, trocearemos con ayuda de un cuchillo unos 30 g de chocolate, que incorporaremos justo cuando la textura del helado se haya generado. Para finalizar, extraemos de un recipiente previamente congelado y lo guardamos tapado en el congelador hasta el momento del disfrute. Sugerencia: sirve la bola con una lámina de champiñón silvestre cortada ultrafina por encima.

Castañas con anís

Un detalle que siempre me sorprendió es lo mucho que le gustaban a mi abuelo los frutos de otoño. Tiene sentido, pues cuando eres niña las frutas que más te gustan son frescas, jugosas y divertidas, y casi siempre descartas las aparentemente menos llamativas o apagadas, como los caquis, las ciruelas, las pasas e incluso los frutos secos. A él lo recuerdo comerse los orejones de dos en dos, algo que a mí me llamaba mucho la atención. Yo tocaba esos albaricoques deshidratados con textura de gominola y, aun así, nunca sentí un interés genuino. Hasta ahora.

A mi abuelo también le encantaban las castañas con anís que hacía mi abuela. En algún momento comprendí que, conforme te haces mayor, tu paladar va cambiando y que eso genera una simbiosis con lo que vas conociendo y con tu propio metabolismo. Creo que por eso, cuando somos niños, nos gustan las frutas más frescas y jugosas, más vitales, y al llegar a la vida adulta vas buscando sabores más profundos en los que el paso del tiempo va dando su forma, como es el caso de los frutos secos, los deshidratados o los fermentados. Tus gustos también definen tu espíritu.

En época de castañas, mi abuela compraba en abundancia. En mi opinión las castañas, como las bellotas, siempre han sido un fruto seco muy poco valorado. La mayoría de la gente adquiere los frutos secos ya pelados, por lo que desconocen el esfuerzo que supone quitar las capas que recubren el tesoro. Pues bien, la reina de las capas es la castaña, con su caperuza conocida como «erizo», que está lleno de pinchos. Este trabajo ya está hecho cuando nos llegan con su corteza de color marrón, preciosas. Sin embargo, la dificultad sigue, ya que esta segunda corteza está dura y muy pegada al fruto, y hay que hacerle una cruz para poder desprenderla fácilmente después de asarla o cocerla. A pesar de que el método tradicional es asarlas al fuego, lo cual les da un aroma a candela muy rico, como en su casa no había chimenea, mi abuela las hacía cocidas con un poquito de licor de anís. Esto hace que se realce su matiz más dulce, incluso sin necesidad de agregarles azúcar.

INGREDIENTES

460 g de leche de cabra de pastoreo, 160 g de nata, 120 g de castañas peladas y previamente cocidas con un poco de anís, 1 anís estrellado, 170 g de azúcar moreno, 80 g de leche desnatada en polvo, 4 g de sal

ELABORACIÓN

Ponemos a calentar todos los ingredientes en una olla y llevamos a 72 °C. Cuando haya alcanzado esta temperatura, retiramos corriendo a un baño maría inverso para que enfríe rápido la mezcla. Una vez que esté fría, reservamos en la nevera durante toda la noche.

Al día siguiente, encendemos la mantecadora, metemos la mezcla en la cuba y esperamos a que la textura del helado se genere. En ese punto, extraemos a un recipiente previamente congelado y guardamos en el congelador tapado hasta el momento del disfrute. Cuando extraigas la bola, decora con algún trocito de castaña más.

Mantecado con nueces garrapiñadas

Cuando empieza a entrar el otoño, José, el abuelo de Mariluz, siempre hace acopio de los productos de la huerta y los frutales que tienen en su finca de olivos en Iznalloz y prepara varias bolsas para repartir entre todas sus hijas y sus nietas. Aceite, almendras, nueces, granadas y calabazas se dan en abundancia. Allí, entre tanto olivo, crece un nogal enorme y precioso, y, aunque las nueces que da son pequeñitas porque la tierra es muy seca, tienen un sabor espectacular, con mucha intensidad. Así que cuando nos las trae siempre dedicamos una tarde a abrirlas y pelarlas como si de un envoltorio de regalo se tratara. Normalmente comemos la mitad en este proceso, y la otra mitad la reservamos para más adelante. Casi siempre hemos acabado mezclándolas con yogur y miel, y ese es el origen de nuestro helado de yogur con miel y nueces, un clásico superfresco y nutritivo para el verano. Ahora bien, como más nos gustan (y es algo que hemos descubierto) son garrapiñadas, durante el otoño.

Normalmente se garrapiñan almendras, cacahuetes o avellanas, pero las nueces no suelen recibir ese tratamiento. Es cierto que la nuez no se lleva bien con el tueste (de hecho, es de los pocos frutos secos que empeoran con el tostado); sin embargo, con el caramelo son un manjar. Ahora bien, es preciso tener excesiva destreza a la hora de garrapiñar y que no se te tuesten. Por ello, cortadas a la mitad para que no traspase excesivamente la temperatura a su interior, pero sí que le dé tiempo al garrapiñado a formarse, se deben mover todo el rato en el azúcar. Otro de los secretos es la utilización de una olla de cobre. Puedes lograr esta receta en una de acero inoxidable, pero te llevará más tiempo y el resultado final no será tan pulido. El cobre, mejor transmisor que el acero, hace que el calor se reparta de manera más uniforme y más rápida, por lo que la elaboración de la garrapiñada será más efectiva y con mejor resultado. A nosotras nos encanta con un helado de mantecado, como si de una crema de natillas se tratara, a la que siempre le viene bien un toque caramelizado.

INGREDIENTES PARA EL GARRAPIÑADO
200 g de nuez ya mondada, 150 g de azúcar blanca, 100 ml de agua

ELABORACIÓN DEL GARRAPIÑADO

Debemos tener preparada una bandeja con papel sulfurizado para hornear. En una olla amplia y baja ponemos a cocer el agua con el azúcar hasta que se disuelva. Agregamos las nueces y removemos sin parar hasta que el agua se evapore y el almíbar se vaya integrando por todas las partes de las nueces. En este momento se generará una arenilla con el azúcar de los cristales que hay que seguir removiendo hasta que, de nuevo, se vuelva líquida y vaya cogiendo su tono rojizo particular. Es cuestión de tiempo y de seguir removiendo. Finalmente, vertemos las garrapiñadas sobre el papel sulfurizado con cuidado de no quemarnos y las reservamos.

INGREDIENTES PARA EL HELADO

540 g de leche de cabra de pastoreo,
130 g de nata, 70 g de yemas de
huevo, 170 g de azúcar moreno,
80 g de leche desnatada en polvo,
6 pieles de limón,
4 g de sal

ELABORACIÓN DEL HELADO

Pasteurizaremos en una olla todos los ingredientes, incluidas las yemas de huevo, a 72 °C. Cuando haya alcanzado la temperatura, la enfriaremos en un baño maría inverso y, una vez que la mezcla esté templada, la llevaremos a la nevera para que repose al menos durante una noche.

Al día siguiente, batiremos la mezcla con ayuda de una túrmix, la meteremos en la mantecadora y, una vez lograda la consistencia deseada, incorporaremos las nueces garrapiñadas frías y daremos un par de vueltas más. El resultado lo depositaremos en un recipiente previamente congelado para que no genere choque térmico y no se derrita al contacto con el mismo. Irá directamente al congelador para que gane más consistencia durante al menos tres horas. Al sacar del congelador, sirve al gusto con un poco más de nueces garrapiñadas por encima.

Enebro y cerezas fermentadas

Muy poco se conoce en la cocina española acerca del enebro, aunque es una baya que nos ha acompañado desde hace mucho tiempo y que suele ser habitual de las zonas de bosque montañoso. Al principio es un poco amarga, lo cual puede despistar al paladar; sin embargo, contiene un sabor cítrico, botánico extraordinario y un punto de dulzor muy seductor. Suelta bastante perfume y cuenta con numerosas propiedades. De hecho, se dice que el destilado de bayas de enebro, hoy conocido como ginebra, antiguamente se usaba como remedio medicinal, tras haber extraído todas las propiedades de la baya.

Recuerdo que al hacer la escuela de pastores elaboramos un ungüento antiséptico de bayas de enebro para ponérselo a las cabras que venían con heridas. Aunque tenía un olor muy rico, ni las moscas se acercaban. No como a nuestra perra Frida, que cada vez que nos topamos con un enebro se come todas las bayas que encuentra. Le pasa lo mismo con las moras, le encantan.

El enebro se suele utilizar poco en la cocina, aunque acompaña genial a los guisos de caza. Puede ser por su potencia, o por desconocimiento. Sin embargo, sospecho que si la tradición pastoril ha traído el remedio de ungüento de bayas de enebro hasta nuestros días es porque los pastores conocían bien sus propiedades y su sabor. Por eso siempre quise hacer un helado con estas bayas que representan el otoño y el monte. Lamentablemente, era muy difícil conjugarlo solo con la leche, así que busqué una asociación que creía que encajaría bien: las cerezas.

Es curioso, porque pude hacer esta prueba gracias a que había guardado en un tarro de cristal con azúcar algunas cerezas del Valle del Jerte que cogimos a los agricultores Eva y Silvano la primavera pasada. Habían estado fermentando hasta principios de noviembre y ya se habían quedado casi como guindas (el azúcar ayuda a que los sabores de las frutas se desprendan de la pulpa y esta, al final, termina envejeciendo sola). Estaban espectaculares, y pensaba que casarían muy bien con un helado de chocolate. Pero precisamente esa misma semana había recolectado unas bayas de enebro para hacer alguna prueba, así que se me ocurrió dejarlas machacadas dentro del almíbar que se había generado en la fermentación, y *voilà*. La combinación estaba increíblemente rica. Representa, además, la unión de dos estaciones, primavera y otoño, y el poder de los fermentados como forma de preservar y potenciar los aromas de los frutos.

INGREDIENTES PARA LAS CEREZAS
MACERADAS
1 kg de cerezas, 300 g de azúcar

ELABORACIÓN DE LAS CEREZAS MACERADAS

A finales de primavera, ponemos en un recipiente hermético las cerezas junto con el azúcar, y lo guardamos en un lugar fresco, alejado de la luz solar, hasta el otoño. Yo prefiero hacerlo en una bolsa al vacío, pues según se va hinchando la propia bolsa me va indicando el grado de fermentación. Aunque lo mejor, si tienes espacio, es madurarlas en la nevera hasta el otoño. No es obligatorio, bastará con que no tengan excesivo calor. Verás que poco a poco irán soltando su color y se generará un almíbar natural a partir del azúcar y sus jugos. Las cerezas se irán deshidratando con el tiempo y se quedarán pequeñitas y reducidas a la mitad. Cuando abramos el envase para hacer el helado, su sabor habrá alcanzado muchísimo desarrollo.

INGREDIENTES PARA EL HELADO
490 g de leche de cabra de pastoreo,
170 g de nata, 140 g de cerezas maceradas,
4 g de bayas de enebro, 140 g de azúcar de caña,
60 g de leche en polvo, 4 g de sal

ELABORACIÓN DEL HELADO DE CEREZAS FERMENTADAS Y BAYAS DE ENEBRO

Para hacer el helado, necesitaremos mezclar todos los ingredientes en una olla. Cuando haya alcanzado una temperatura de 72 °C, la retiramos del fuego y la metemos en un baño maría inverso de frío para que baje rápido su temperatura. Después, dejamos reposar la mezcla al menos un día en la nevera.

Al día siguiente, encendemos la mantecadora y, mientras se enfría, colamos la mezcla para quitar las bayas de enebro, que ya habrán otorgado su sabor. La vertemos en la mantecadora hasta que se emulsione, generando la textura de helado deseada. Finalmente, hay que sacarla a un recipiente previamente congelado y guardarla en el congelador al menos tres horas antes de servir. Como sugerencia de presentación, añade más jugo de cerezas fermentadas por encima, que lo hará aún más delicioso. Y, si te atreves, este helado puede ser el complemento perfecto de cualquier tarta de queso.

Calabaza especiada con sus pipas

La calabaza es una hortaliza que me encanta, aunque bien podría considerarse una fruta. En realidad, proviene de la misma familia que la sandía o el melón y, como ellas, es rica en fructosa (esto la hace especialmente dulce), aunque no contiene tanta agua. La magia de la calabaza radica en esto: es tan versátil que se puede utilizar en dulce o en salado. Existen múltiples variedades, aunque a nuestros paladares lleguen muy poquitas (la cacahuete o la potimarrón).

Recuerdo las mermeladas de calabaza que me hacía mi madre y tomaba con panecillos de leche. Jamás se me hubiera ocurrido, pero contrastada con mantequilla es deliciosa. La verdad es que se trata de una de las hortalizas que más complementos admiten y, aunque sola está exquisita, siempre sabe sacar lo mejor de lo que la acompaña. Por eso yo siempre la combino con un toque sutil de especias, tal y como hacía mi madre para su mermelada. Especialmente con cardamomo y canela, pero también con jengibre y nuez moscada.

Este año Javier, el agricultor con el que trabajamos en Gredos, nos trajo una calabaza preciosa, de ocho kilos, con la que elaboramos un helado y varias mermeladas para todo el año. Como tenía tantas semillas, me parecía un delito tirarlas, así que se me ocurrió aprovecharlas y hacer un helado con toda la calabaza.

INGREDIENTES

*450 g de leche de cabra de pastoreo,
180 g de nata, 180 g de azúcar, 100 g de calabaza,
80 g de leche desnatada en polvo, 20 g de pipas de
calabaza, 4 g de sal, 1 g de canela, 1 g de jengibre,
0,5 g de cardamomo (3 unidades), 0,5 g de anís
estrellado (2 unidades), 0,25 g de clavo de olor
(2 unidades)*

ELABORACIÓN

En esta ocasión, el primer paso es asar la calabaza en el horno. Aprovechando el calor del horno, también tostaremos a 160 °C durante seis minutos sus pipas, previamente peladas. Aparte, juntaremos la carne de la calabaza, que habremos pelado con ayuda de un cuchillo y mucho cuidado, con el resto de los ingredientes en una olla y la llevaremos a una temperatura de pasteurización de 72 °C. Cuando haya alcanzado la temperatura, retiramos la mezcla del fuego y la metemos en un baño maría inverso de frío para que baje rápido su temperatura. Después dejamos reposar la mezcla al menos durante un día en la nevera.

Al día siguiente, antes de verter la mezcla en la mantecadora (previamente enfriada), la emulsionamos con ayuda de un brazo batidor para incorporar de nuevo la nata a la mezcla y que todos los ingredientes se integren. Vertemos el resultado en la cuba de la mantecadora, que seguirá batiendo hasta que se genere la textura de helado deseada. Cuando se haya creado, incorporamos las pipas de calabaza cortadas con un cuchillo en trozos pequeños para que después sean agradables de masticar y le den un toque crujiente.

Sacamos el helado a un recipiente previamente congelado y guardamos en el congelador al menos tres horas antes de servir. Es el helado ideal para acompañar cualquier bizcocho en otoño.

Limón y raíz de regaliz

Cuenta mi abuela que en los tiempos de la posguerra, cuando el hambre apretaba y no había trabajo, el campo era la despensa de muchas familias. Lo fue para la mía. Recuerda cómo de pequeña su madre la invitaba a dar un paseo en busca de algo que comer, un recado que la ayudó a agudizar el ingenio. En Toledo, enclavado en plena meseta castellana, no hay bosques, sino llanuras, aunque algunos frutos se dan especialmente bien, como los almendros, los olivos, las uvas o los albaricoques.

Fuera de las temporadas en la que estos árboles eran fértiles, resultaba difícil encontrar más alimento. De este modo se popularizó la raíz del regaliz. Mi abuela no sabe decirme quién les enseñó que era comestible, pero sí que recuerda cómo iban al campo a buscarla para luego comérsela. Hablamos de raíces leñosas, a las que hay que quitarles bien la tierra, con un sabor dulce y anisado espectacular. Nada que ver, por supuesto, con nuestra referencia industrial del regaliz.

Cuando me contó esta anécdota me pareció increíble: comer raíces de regaliz, así sin más. Investigando, supe que esta planta, que abunda en nuestro ecosistema, ha tenido siempre multitud de beneficios medicinales y que, en efecto, era una buena fuente de alimento en tiempos de escasez.

Además, ahora también sé de dónde me viene ese afán de encontrar y probar todos los alimentos silvestres que puedo (aunque en mi caso sea por inquietud, y en el suyo fuera por hambre).

INGREDIENTES
*500 g de leche de cabra de pastoreo,
180 g de nata, 180 g de azúcar de caña golden,
70 g de leche desnatada en polvo, 50 g de zumo de limón, 10 g de raíz de regaliz molida, 2 g de sal*

ELABORACIÓN

En una olla, ponemos a calentar todos los ingredientes, excepto el zumo de limón, y llevamos a 72 °C. Cuando haya alcanzado esta temperatura, retiramos corriendo a un baño maría inverso para que se enfríe rápido. Reservamos en la nevera al menos durante una noche.

Al día siguiente, hacemos el zumo de limón (que necesitarás colar para que no tenga pulpa) y volvemos a emulsionar la mezcla para que se integre con ayuda de un brazo triturador (túrmix). La metemos en la cuba de la mantecadora (previamente encendida, para que alcance la temperatura óptima) y, pasados unos dos minutos, vertemos el zumo de limón colado. A continuación, esperamos a que se genere la textura del helado y lo extraemos a un recipiente previamente congelado que regresará de nuevo al congelador, tapado, durante al menos tres horas. Sugerencia: decora la bola de helado con algún trocito de raíz de regaliz o ralladura de limón por encima. El resultado será divertido, ácido por el limón y también dulce y con textura por la raíz del regaliz.

Las primeras leches y su pasto

CERRADO POR PARIDERA, decía un cartel en nuestro escaparate cuando decidimos cerrar la heladería durante quince días en noviembre. Sabíamos que mucha gente se iba a preguntar qué era eso de la paridera y por qué desaparecíamos, ya que habíamos prometido hacer helado durante todo el año. Por eso, incluimos otro cartel explicativo:

> *Estos días estaremos con las cabras en el monte de Las Navas del Marqués, ayudando a Mario y a su rebaño a dar a luz a la siguiente generación de cabras bomberas-lecheras que nos ofrecerán, muy pronto, la leche para nuestros helados. Así es el ciclo natural. No hay leche sin gestación, ni helado sin lactancia. Os esperamos a la vuelta con la mejor calidad lechera que os podáis imaginar. Deseando elaborar con ella. Hasta pronto. Paula y Mariluz.*

Un mensaje breve pero que contiene la clave de nuestro proyecto: no podemos vivir sin la generosidad de las cabras de las que nos surtimos. A ellas les estamos inmensamente agradecidas. Hay a quien esto le parecerá una barbaridad (como el propio nombre indica, algo bárbaro), pero a nosotras nos parece que tiene una belleza incalculable. Es increíble cómo, tomando conciencia del ciclo natural, nos hemos vuelto cómplices de los animales y hemos zurcido una relación de confianza, de respeto mutuo, que no se puede explicar con palabras.

Claro que estoy de acuerdo con que la producción lechera es un aprovechamiento del humano hacia el animal. Por supuesto, pero en ese contexto se genera una relación de intercambio, de dar cobijo, calor, guarda, guarida y seguridad a un animal que es presa de otros muchos. Por eso, nosotras solo entendemos la producción lechera, el aprovechamiento de la leche que da un animal tras una fecundación, gestación y parto, en el hábitat en el que corresponde: el campo. Lo que sí que es un acto de aprovechamiento puro y duro es la producción láctea proveniente de granjas intensivas en las que el animal ha sido extraído de su territorio, de su esencia, de su paisaje, sin establecer mayor vínculo con el ser humano que el de una relación jerárquica y unidireccional.

Quien ha hecho pastoreo sabe de lo que hablo: esa cultura milenaria tan intrínseca a ambas especies, que nos ha hecho crecer y prosperar, es muy difícil de poder explicar con palabras. Este es el verdadero legado que debemos cuidar. Creemos que esta es la forma más honesta de ver las cosas y, por eso, queremos que todo el mundo la conozca, que vea que no hay helados sin leche y que la leche solo se obtiene mediante la lactancia posterior al alumbramiento.

De esta forma, cuando regresamos de aquella paridera dura, difícil y enormemente gratificante, no podíamos hacer otra cosa que trasladar a nuestros dulces esa honestidad, ese paisaje, ese momento único que es el dar a luz en el monte. Por eso, el primer día hicimos el «helado de las primeras leches y su pasto», un helado en el que la leche es protagonista, sin más artilugios, donde se perciben los aromas, sabores, grasas y untuosidad de esa calidad lechera que, tras la gestación de las cabras, aumenta su cantidad de materia grasa y la hace especialmente exquisita. Una leche que sabe dulce por sí misma, que sabe amable, a heno, a pasto joven, a humedad, con ese toque salino, fresco y profundo. A la manera de los mejores vinos, así es esta leche.

Una vez escuché a alguien decir que cenar con leche es de las escenas más tristes que te puedes imaginar, que lo mejor con lo que se puede acompañar y realzar una comida es con el vino. Nada que objetar a la cultura del vino, que amamos, pero no estoy de acuerdo con esa afirmación. La leche es un producto tan exquisito que no puede hacerle sombra a casi ningún otro brebaje. Que no se hayan comunicado y popularizado aún sus secretos se debe, seguramente, a la poca formación que han tenido los pastores para poder transmitir su legado y porque, desgraciadamente, el pastoreo está cada vez más próximo a extinguirse.

Con esta propuesta, a la manera del vino, quisimos poner el helado en copa, alzarlo, subirlo de categoría. Reposarlo y repensarlo.

INGREDIENTES
*580 g de leche de cabra de pastoreo, 160 g de nata,
180 g de azúcar, 80 g de leche en polvo,
4 g de sal, 2 g de heno fresco*

ELABORACIÓN

Pasteurizamos todos los ingredientes en una olla (incluyendo el heno fresco, que le dará al resultado un leve toque herbáceo), calentamos hasta llegar a 72 °C y retiramos del fuego, poniendo la olla en un baño maría inverso de frío para que baje rápidamente la temperatura. Cuando esté frío, dejamos reposar la mezcla toda la noche en la nevera.

Al día siguiente, con la mantecadora ya a punto, colamos la mezcla para extraer el heno y volvemos a emulsionar la mezcla para que se integre con ayuda de un brazo triturador (túrmix). La vertemos en la cuba y mantecamos hasta generar la textura de helado deseada. Extraemos en un recipiente previamente congelado (para que esté lo más frío posible y no haya choque térmico al extraer el helado) y dejamos reposar ya la mezcla helada en el congelador al menos una hora, cubierta para que no entren olores indeseados.

Disfruta de estos aromas y contrastes lácteos que a mí me recuerdan al pesebre donde duermen las cabras de Mario en un día de paridera.

El olor del clavo

Como ya habrás adivinado a estas alturas, he dedicado mucho tiempo de mi vida a intentar descifrar los secretos de la cocina de mi abuela. Me he fijado en sus gestos, en su forma de pelar con un cuchillo casi sin afilar, en el modo de cortar sin necesidad de tabla o de sofreír en la olla, en la manera que tiene de bailar el guiso, de hacerlo meloso, untuoso. Son cosas que no se enseñan pero que, si te fijas, son la esencia de su legado, es su forma de cuidarnos. Además de sus gestos, me he centrado en sus condimentos para que, si algún día falta, pueda evocar su cocina. Y me he dado cuenta de que uno de los vehículos de sabor de sus guisos es el clavo de olor, una especia asiática poco común en los hogares españoles pero que nunca falta en la despensa de mi abuela. Cuando voy a su casa y abro la nevera siempre me recibe un limón cortado a la mitad y pinchado con un montón de clavos de olor, porque dice que así neutraliza los malos olores. Algo de verdad tiene. Entre sus consejos, cuando estoy resfriada y con mucha congestión, ella me invita a poner en la mesita de noche una cebolla abierta y pinchada con esos mismos clavos de olor para que así se me abran las vías respiratorias. Y funciona. Aparte de estos remedios anecdóticos, el clavo es la especia que representa a mi abuela, una especia con la que ya cocinaba su madre y que les da una estructura característica a muchas de sus elaboraciones.

Para mí era un reto hacer un helado que evocara esta esencia porque, en el caso de los guisos, la fusión con los caldos de carne o de pollo son también parte del misterio, pero al trabajar con leche la cosa se complica. Afortunadamente, no era imposible. El reto, en realidad, está en la moderación, pero también en conseguir una presencia definida del clavo de olor en el helado. Hice muchas pruebas y al final conseguí dar con el acento. El resultado es un helado singular y único en el que la presencia del clavo de olor te transporta a lugares inesperados. Es exótico, aunque para mí tiene algo de hogareño.

INGREDIENTES

580 g de leche de cabra de pastoreo, 160 g de nata, 2 g de clavo de olor (enteros), 2 g de canela en polvo, 180 g de azúcar moreno, 80 g de leche desnatada en polvo, 4 g de sal

ELABORACIÓN

En una olla, ponemos a calentar todos los ingredientes y los llevamos a 72 °C. Cuando hayan alcanzado esta temperatura, retiramos la olla a un baño maría inverso para que la mezcla enfríe rápido. A continuación, reservamos la base en la nevera hasta el día siguiente.

Antes de meter la mezcla en la cuba de la mantecadora, extraeremos los clavos de olor que hayamos puesto y la batiremos con ayuda de un brazo triturador para que todos los ingredientes se integren de nuevo. Luego, la vertemos y esperamos a que la textura del helado se genere. En ese momento, la extraemos a un recipiente previamente congelado y la guardamos tapada en el congelador hasta el momento del disfrute. Si tuviera que combinar un helado con una torrija, esta sería mi elección.

Vendimia tardía (vino e higos secos)

Conocimos a Antonio en 2020. Fue en plena pandemia cuando Pepa, la abuela de Mariluz, estuvo ingresada en el hospital. Como no podía ir a verla (solo se permitía entrar a una persona por paciente), y sabía que la espera iba a ser larga, decidí ir con el coche a dar una vuelta por la Alpujarra, una tierra y un paisaje donde siempre encuentro sosiego. Y me topé con su bodega. Un cartel indicaba Cortijo Los García de Verdevique y me desvié para curiosear. El camino de tierra bajaba por los desniveles de la sierra y al fondo se veía un núcleo de unas cuatro o cinco casas de diferentes tamaños que dejaban entrever el paso del tiempo. Al llegar a ellas, me bajé del coche y pregunté en el portón: era la bodega y allí estaba Antonio. Yo llevaba la mascarilla puesta y al verme él también se la puso, pero comprendí que en aquel lugar no la necesitaban porque estaban aislados, salvo por algunas visitas como la mía que podían importunar. Muy amablemente, Antonio me invitó a pasar. Al principio, entre la mascarilla, el acento y su fina rudeza no lo entendía bien, pero me dejé llevar por su amabilidad y por su conversación, que se hizo muy amena. Recuerdo que hablamos mucho de los tiempos que corrían pues, en ese momento, todo estaba patas arriba, y me di cuenta de que, a pesar de que estuvieran aislados, albergaban mucha sabiduría. Mientras conversábamos, me fue invitando a catar algunos de sus vinos y yo me fui quedando fascinada con la retórica sencilla y con los vinos tranquilos y humildes que son reflejo de esta tierra. No había cobertura, y se me hizo enseguida de noche. No quería que Mariluz se preocupase, por lo que tuve que terminar una conversación que, para mí, podría haber durado toda la vida.

Después envié un mensaje al número de teléfono de contacto que venía en internet para darle las gracias. Fue de ese modo como se presentó Alberto, el hijo de Antonio, que forma parte de la cuarta generación de García de Verdevique, gente que desde el siglo xix, y puede incluso que desde antes, se ha dedicado a la viticultura en las laderas de las cumbres del Guadalfeo, en plena Alpujarra Granadina. Los suyos son los viñedos más altos de Europa y hacen vino natural desde mucho antes de que se pusiera de moda el vino natural. Lo elaboran como se ha hecho toda la vida en la zona, sin ningún aditivo, sin nada más que la simple tierra, las vidas y las manos. La tierra, que es de mucha piedra, también es increíblemente generosa y da unas uvas con un alto valor vitivinícola.

Lo que los hace diferentes y ha propiciado nuestra relación con esta bodega es que Antonio y Alberto poseen un alma increíblemente bella, ligada a la humildad de su tierra. No tienen ninguna pretensión más que la de rendir homenaje a una cultura que trasciende los egos y que requiere paciencia y respeto por lo que haces. Así se honra a la tierra.

Cuando voy a visitarlos siempre me sale abrazarlos, porque son como de casa, y allí nos sentimos como tal. Así que, como homenaje a esta tierra, me gusta elaborar un helado complejo pero humilde que se hace a base de vino de uvas tardías de una variedad autóctona de la zona, la Jaén blanca, junto con higos, ya que ambos frutos coinciden en su recolecta y a menudo conviven en cualquier viña.

INGREDIENTES

540 g de leche de cabra de pastoreo, 160 g de nata, 40 g de vino de vendimia tardía o dulce, 180 g de azúcar, 80 g de leche desnatada en polvo, 30 g de higos deshidratados, 4 g de sal

ELABORACIÓN

En una olla ponemos a calentar todos los ingredientes hasta llevarlos a 72 °C. Cuando haya alcanzado esta temperatura, la retiramos corriendo a un baño maría inverso para que enfríe rápido la mezcla. Una vez fría, reservamos en la nevera toda la noche.

Al día siguiente, encendemos la mantecadora para que esté fría, y con ayuda de un brazo triturador emulsionamos la mezcla y acto seguido la metemos en la cuba a esperar a que la textura del helado se genere. Mientras tanto, cortamos unos higos secos en trocitos y, justo antes de extraer, los incorporamos. Sacamos toda la mezcla a un recipiente previamente congelado y la guardamos tapada en el congelador hasta el momento del disfrute. Para que sea un helado de dioses, recomiendo que al sacar la bola para degustarlo incorpores tres gotas de vinagre de vino dulce. Y a disfrutar como si estuvieras en la viña.

Caquis con Pedro Ximénez

Si el otoño fuera un color, sería el naranja. En esta época destacan especialmente estos tonos entre ocres y dorados y los frutos estallan con su riqueza de carotenos. Es el caso del caqui, pero también de la naranja, del *Physalis* o de la calabaza.

    El caqui es un fruto poco explorado pero con mucho potencial, como el membrillo. A primera vista, no presenta una personalidad marcada, y su tacto en el paladar suele ser bastante astringente por la cantidad de taninos que lleva. Pero, como siempre en otoño, hay que esperar a que el tiempo haga su magia y, cuando pasa del naranja al rojo, como si de un tomate se tratara, su pulpa se vuelve almibarada, dulce y untuosa como una miel.

    A mi abuelo, que era muy goloso, le encantaba esta fruta que yo nunca entendí, porque me parecía indefinida, como si no tuviera gusto. Ahora lo entiendo: cuando te vas haciendo mayor comprendes otras apreciaciones. No sé si tu paladar cambia (es probable), pero lo que está claro es que estas frutas de otoño representan una época de madurez, como su propia estación. También esta receta transmite mi propia madurez en la cocina y en la elaboración de helados, pues te presento un helado que solo puede ser entendido desde el envejecimiento, como el de mi abuelo, como el paso del tiempo que va corriendo sobre nuestro proyecto, y el paso también de los ingredientes que aquí se utilizan. Un helado añejo, profundo, complejo.

INGREDIENTES
430 g de leche de cabra de pastoreo, 180 g de nata, 180 g de azúcar moreno, 120 g de caquis maduros, 70 g de leche en polvo desnatada, 20 g de Pedro Ximénez o vino dulce, 1 vaina de vainilla de aprovechamiento, 2 g de sal

ELABORACIÓN
Antes de comenzar, necesitaremos que los caquis estén muy maduros, pues si no serán demasiado astringentes. Y tendremos que quitarles piel y quedarnos solo con la pulpa.

Ponemos en una olla todos los ingredientes, incluida la pulpa de los caquis maduros y el vino, y llevamos a 72 °C. Cuando haya alcanzado esta temperatura, la retiramos rápidamente a un baño maría inverso para que la mezcla se enfríe. Una vez fría, extraemos la vaina de vainilla (si la has incorporado) y reservamos el resto en la nevera durante la noche.

Al día siguiente, volvemos a emulsionar la mezcla para que se integre con ayuda de un brazo triturador (túrmix). Metemos la mezcla en la cuba de la mantecadora (previamente encendida) y esperamos a que la textura del helado se genere. A continuación, la pasamos a un recipiente previamente congelado y la guardamos en el congelador tapada hasta el momento del disfrute. Sugerencia de presentación: decora la bola con la propia pulpa del caqui o, incluso, si puedes acceder a caquis deshidratados (también se conocen como *oshigaki* en la cultura japonesa), incorpóralos. Es un detalle de mucho valor, con un resultado dulce y complejo, como si de un whisky añejo se tratara, en el que trago a trago se van descubriendo la barrica, el caramelo, el regaliz.

Yogur con mermelada de madroños

Mariluz y yo tenemos un madroño en casa, y en el paso entre el otoño y el invierno nos surtimos de sus deliciosos frutos. En la cultura inglesa se conoce como *strawberry tree*, porque sus bayas tienen un parecido razonable con la fresa, aunque no provienen de la misma familia. El exterior de sus frutos es rugoso, un pelín afilado y levemente crocante, mientras que en su interior alberga una textura blandita y cremosa con un sabor que es una montaña rusa entre sus ácidos y su dulzor. Esa textura me recuerda a la del lichi. Y su sabor, cuando está maduro, tiene notas de mango. Sin embargo, aunque colme muchos de nuestros paisajes otoñales, prácticamente no se ingiere. Desde la época romana se conoce por el desarrollo de alcohol en su interior cuando los frutos están muy maduros, debido a su contenido en azúcar. La realidad es que tienen un sabor único y que no siempre generan esta mínima cantidad de alcohol. Pero, a decir verdad, incluso con el poco alcohol que llevan son un manjar, como un *kirsch* de cerezas pero directamente de la rama.

INGREDIENTES PARA LA CONFITURA DE MADROÑOS

*1 kg de madroños limpios y rojos,
300 g de azúcar de caña golden (rubio)*

ELABORACIÓN DE LA CONFITURA DE MADROÑOS

Ponemos los madroños y el azúcar en una cacerola amplia, para que evapore mejor, y cocemos al menos una media hora, hasta que el azúcar se disuelva por completo y el agua del madroño se reduzca una tercera parte. Entonces retiramos del fuego y trituramos la mezcla con ayuda de un brazo triturador. Dejamos reposar en un tarro hermético al menos durante una noche en la nevera, pues ayudará a desarrollarse su sabor.

INGREDIENTES PARA EL HELADO

*440 g de yogur de cabra de pastoreo,
180 g de azúcar de caña, 160 g de nata,
140 g de leche de cabra de pastoreo, 80 g de leche desnatada en polvo, 4 g de sal*

ELABORACIÓN DEL HELADO

Pasteurizamos (haciendo llegar la cocción a 72 °C) todos los ingredientes, excepto el yogur, en una olla y la retiramos del fuego una vez alcanzada la temperatura. La olla se pone inmediatamente en un baño maría inverso de frío para que baje la temperatura. Cuando la mezcla esté fría, añadimos el yogur y la dejamos reposar toda la noche en la nevera.

Al día siguiente, volvemos a emulsionar la mezcla para que se integre con ayuda de un brazo triturador (túrmix). La vertemos en la cuba de la mantecadora (que ya debe tener la temperatura adecuada) y mantecamos hasta generar la textura de helado deseada. Antes de extraerlo, echamos unos 30 g de madroños confitados y permitimos que dé un par de vueltas, pero no más. Esto generará una veta superbonita y llena de contraste que potenciará su sabor ácido, y también dulce.

Extraemos a un recipiente congelado previamente y dejamos reposar la mezcla helada en el congelador al menos una hora, cubierta para que no entren olores indeseados. Cuando vayas a degustar este helado, decóralo con uno o dos madroños cortados a la mitad.

Endrinas, anís, canela y ralladura de naranja

El endrino es otro de nuestros arbustos preferidos, y tenemos la suerte de disfrutarlo porque crece con normalidad en los bosques y en las dehesas de robles y fresnos. Es muy conocido por su uso para la elaboración de un destilado muy de nuestra tierra, el pacharán. Sin embargo, no es la única aplicación posible. Cuando Mariluz y yo vamos por el monte, siempre voy probando frutos, hojas y flores para ver cómo saben cada año. Disfruto saboreando cómo se expresa el campo con sus estaciones. Siempre me dice que estoy loca, pero es que creo que no le debemos tener tanto miedo a la naturaleza y podemos fiarnos de nuestro paladar. No hace falta ingerir algo, nuestro paladar muchas veces ya nos advierte de su toxicidad para que no lo traguemos.

Es el caso del endrino, que no es tóxico ni mucho menos, pero su sabor astringente y su exceso de aspereza en la lengua nos avisa de que es un fruto que deberíamos tomar con moderación y que necesita una elaboración previa. De ahí que la mayoría de este tipo de frutos hayan encontrado una vía alimentaria en la destilación, que es el método por el cual sus propiedades son capturadas al tiempo que desaparece esa rudeza. Por eso el endrino es un gran aliado de la fermentación con azúcar.

Con la entrada del otoño empezamos a recolectar endrinas, que dejamos macerar con anís, canela y azúcar durante al menos tres meses, envasadas al vacío en la nevera. De esta manera conseguimos una extracción y un desarrollo controlado en el tiempo sin necesidad de incorporar la parte alcohólica al proceso. Cuando finalmente abrimos la bolsa de vacío, una explosión de olores nos inunda. Retiramos la rama de canela y los anises, y trituramos todo para homogeneizar y dar un poco más de consistencia al sirope que se genera (para macerar las endrinas y elaborar el sirope, necesitaréis una proporción de 250 g de endrinas y 75 g de azúcar, una rama de canela y dos anises estrellados).

INGREDIENTES

560 g de leche de cabra de pastoreo,
160 g de nata, 160 g de azúcar,
80 g de leche desnatada en polvo,
40 g de sirope de endrinas, 4 g de sal,
3 unidades de ralladura de naranja

ELABORACIÓN

Ponemos a calentar en una olla todos los ingredientes, hasta que lleguen a 72 °C. Cuando hayan alcanzado esta temperatura, colocamos la olla en un baño maría inverso para que la mezcla enfríe rápido. Reservamos en la nevera toda la noche.

Al día siguiente, antes de meter la mezcla en la cuba de la mantecadora, la emulsionamos con ayuda de un brazo triturador para que todos los ingredientes se integren de nuevo. Vertemos y esperamos a que la textura del helado se genere. Extraemos a un recipiente previamente congelado y guardamos el helado tapado en el congelador hasta el momento del disfrute.

El escaramujo o el fruto de la rosa silvestre

Cuando era pequeña y recorríamos el monte a finales del verano, junto a las moras crecían algunos arbustos que se colmaban de unos frutos rojos muy atractivos. Con mi curiosidad y mi pasión por recolectar (gracias a que aprendí de muy joven que el monte te puede proveer de alimento), empecé a disfrutar de la recogida de las moras, las setas, las bellotas, las piñas o los espárragos. Pero, aunque los escaramujos estaban ahí para ser consumidos, siempre hablaban de ellos como «tapaculos», porque, si ingieres otra planta silvestre que no te sienta demasiado bien, el escaramujo tiene propiedades para reestablecer el tránsito intestinal normal. Así que durante mi infancia no le vi mucho aliciente a consumir estas bayas silvestres.

Fue cuando tuvimos a Frida, nuestra primera perra, que volví a probarlos. Frida es una perra de monte que desde pequeña ha andado desenfadada y feliz por las colinas de estas montañas buscando olores. Y desde que llegó la vimos alimentarse de bayas, hojas, piñas. Nunca le cortamos las alas, dejamos que su instinto la guiara pues, a veces, él es más sabio que nosotros, los humanos. Así es como siempre que salimos a pasear, especialmente en verano, se pone morada de bayas silvestres, como el enebro, las moras y el escaramujo. Fue por ella que me acerqué a él: un día la vi darse tal atracón de escaramujos que tuve que probarlo para comprobar que no le sentarían mal. Y me encontré con la sorpresa. Obviamente, el escaramujo no es una fresa o una mora, no tiene mucho jugo ni mucha pulpa, pero a su interesante sabor ácido y cítrico se une un dulzor y un poco de astringencia que lo hacen un pelín endiablado. Luego, leyendo libros de botánica silvestre, me di cuenta de que a este rosal silvestre también se lo conoce como «rosa canina», *dog rose*.

Todos los años recolecto escaramujos cuando están bien maduros, es decir, cuando han adquirido un rojo intenso entre carmín y burdeos, y hacemos una mermelada de sus frutos para ayudar a rebajar su carga tánica. También elaboramos un helado muy especial, pues su sabor embriagador no puede compararse con ningún otro. A mí me recuerda a una mezcla entre un limón y una frambuesa, pero en realidad es algo único y representa el bosque silvestre del que tenemos la suerte de poder nutrirnos apenas a unos pasos de nuestra microheladería.

INGREDIENTES PARA LA MERMELADA
1 kg de escaramujos maduros,
300 g de azúcar de caña golden *(rubio)*

ELABORACIÓN DE LA MERMELADA

Antes de hacer este helado con base de yogur, que se integra perfectamente con los escaramujos silvestres, necesitaremos tener preparada la mermelada. Para intensificar el sabor y olor de los escaramujos, me gusta dejar en una bolsa al vacío, durante una semana, 1 kg de escaramujos y 200 g de azúcar de caña rubio. Al abrir la bolsa o táper donde hayas guardado los escaramujos, comprobarás qué perfume han sacado. Podrías utilizar esta elaboración como si de un sirope se tratara, pero vamos a ponerla en una olla, a fuego medio, para que reduzca un poco su agua y quede con mejor consistencia. Bastará con diez minutos removiendo de vez en cuando. A continuación, reservamos en frío.

INGREDIENTES PARA EL HELADO

*270 g de leche de cabra de pastoreo,
200 g de yogur, 170 g de nata, 140 g de mermelada de escaramujo, 140 g de azúcar de caña,
80 g de leche en polvo, 4 g de sal*

ELABORACIÓN DEL HELADO

Para hacer el helado, debemos poner todos los ingredientes en una olla, excepto el yogur, puesto que a temperatura superior a 43 °C pierde sus propiedades y cambia su sabor, y llevarla a una temperatura de 72 °C. La retiramos del fuego y la metemos en un baño maría inverso de frío hasta que se alcancen los 40 °C, para añadir la cantidad de yogur de la receta. Después, dejamos reposar la mezcla al menos un día en la nevera.

Al día siguiente, emulsionamos con ayuda de un brazo triturador la mezcla y la vertemos en la cuba de la mantecadora (ya enfriada) hasta que se genere la textura de helado deseada. La sacamos a un recipiente previamente congelado y la guardamos en el congelador como mínimo tres horas antes de servir. Sugerencia de decoración: añade más mermelada de escaramujos por encima.

Un pastel para el recuerdo

A veces me pregunto qué es lo que hace inmejorables ciertos alimentos, ciertos productos, ciertos momentos, lo que hace que un restaurante o un vino sean buenos. Y siempre llego a la misma conclusión: la compañía y las historias. Por eso este libro está lleno de historias y de rostros pensados para que cada cucharada de helado te lleve a un lugar, un momento, una persona, una sensación.

Te voy a contar una anécdota, sencilla y romántica. Corría el año 2016 y acababa de conocer a Mariluz. Con veintitrés años recién cumplidos, ambas queríamos comernos el mundo, y empezamos por lo que teníamos más cerca. Como ya trabajábamos y teníamos ingresos, aquel primer año pudimos viajar mucho. Nada más pasar un mes, ya nos estábamos yendo a Marruecos; dos meses más tarde visitamos Portugal. Os hablo de dos países que nos emocionan especialmente y en los que nos sentimos como en casa, pero con ese toque de excitación tan grato y necesario. Era como bailar por las calles todo el tiempo.

Habíamos alquilado una buhardilla en Lisboa, estaba tan bien situada que nos permitió patearnos todo el centro. Era diciembre, el otoño estaba terminando y la Navidad ya asomaba su patita. Qué encanto tienen las ciudades y los pueblos en estas fechas, ¿verdad? Es mi época preferida para viajar. Una noche salimos al Bairro Alto a cenar y a tomarnos un vino de la zona. Escogimos un bar de vinos y quesos, pequeñito y acogedor. Aunque hacía frío en la calle, las copas nos iban a calentar hasta nuestro regreso a la buhardilla. Creo que elegimos algún tinto de los alrededores que no recuerdo bien, porque en ese momento tenía a la chica más increíble que había conocido nunca sentada junto a mí. Nos faltaban las horas para contarnos todo lo que habíamos vivido hasta entonces, lo que queríamos hacer, nuestras aventuras, nuestros desvaríos, nuestros sueños. Recuerdo que, ya de regreso a la buhardilla, nos topamos con un concierto acústico de fado moderno y nos sentamos encandiladas a escucharlo. El ambiente acompañaba a una velada mágica, de esas que tienen brillo por sí solas y que sabes que no se repetirán. Cuando la música dejó de sonar, volvimos flotando porque, cuando el vino y la música se unen, lo extraordinario puede suceder. Y apareció.

Como he dicho, hacía frío y mucha humedad en la calle. Íbamos agarradas, casi unidas la una con la otra porque de vez en cuando se levantaba la brisa y el frío se metía por el abrigo hasta los huesos. En el restaurante, al terminar la tabla de quesos, nos habíamos sentido demasiado llenas como para tomar postre. Sin embargo, el vino envió órdenes al cerebro: tenía necesidad de glucosa, así que la velada solo se podía colmar con un gran bocado dulce. Y apareció, sí. Lo personifico porque casi tiene carácter de persona. Un antro, lo que se dice un antro en toda regla, fuera del casco antiguo, pequeño, desaliñado, con una sola ventana vestida por un descorrido y amarillento visillo, una barra de los años sesenta y taburetes negros medio desconchados, y una luz. Qué buena posición la de las luces. Una luz iluminaba desde el interior una vitrina vestida de pasteles de nata, *pastéis de Belém*.

Tuvimos cierto recelo a la hora de entrar. Titubeamos en varias ocasiones porque, desde luego, el lugar no parecía la mejor opción del mundo para comprar pasteles de nata. Pero ya habíamos salido del casco antiguo y a esas horas nos iba a costar encontrar abierta una pastelería tradicional. El pastelito estaba ahí, y nuestra boca decía «sí, por favor, pruébalo». Total, que entramos. «*Dois pastéis de Belém, por favor*», dijimos. Nos dio cosa comérnoslos allí, así que salimos, desenvolvimos la bolsita de papel blanca en la que venían y les dimos el primer bocado. Ufff. Corazón cremoso en la lengua, el hojaldre crujía ligeramente sin ofrecer resistencia alguna, chocando con las muelas laterales y haciendo estallar toda la crema avainillada en la boca. Con el sutil toque de la mantequilla, con el corazoncito de crema al huevo tan amable, tan casero, tan dulce, pero sin ser empalagoso. Y, encima, en dos bocados. El segundo mordisco, ay, que te deja con ganas de más porque esa crema pastelera nunca es suficiente, y ese hojaldre, ligero y aéreo que parece mentira que pueda hacer de soporte de la densidad y untuosidad de esa crema hecha con tantas yemas de huevo, a fuego lento, removida, no batida.

Ese recuerdo regresa a mi memoria más de lo que me gusta reconocer, así que lo he fijado como uno de los pilares de mi álbum gastronómico y ejerce, he de reconocerlo, una clara influencia en todo lo que hago. He reflexionado mucho al respecto. ¿Por qué ese pastel? Seguramente no fue el mejor que me podía tomar, pero sentí como si lo fuera, por el momento y por la compañía. Así que en realidad sí que lo fue, porque fue perfecto.

No obstante, más allá de mi anécdota personal, el pastel de nata tiene algo de perfección, como el mazapán, el pionono, una torrija, un *baklava*, un *pain au chocolat* o un *babá*. Cosas livianas, pequeñas, fugaces, tesoros mínimos que se quedan en una esquina de tu memoria. Comparten una característica: son artesanos. Están hechos en piezas individuales, pensadas para ser tomadas en uno, dos o tres bocados, sin llenar, siendo prudentes, dejando parte del goce puesto en la lengua para la próxima ocasión.

Cuando empecé a hacer pruebas de repostería con leche de cabra, para complementar al final del otoño la oferta de helado artesano que hacemos, pensé mucho en qué ofrecer. Lo primero pasaba por entender qué le gusta a la gente: si algo es un best seller es porque acierta en muchos aspectos que generan consenso. Por eso, mi primer instinto fue hacer una tarta de queso. Sin embargo, las tartas de queso no creo que sean típicas de ningún lado más que de las cartas de postre de restaurante. Y, al final, todas te acaban sabiendo a lo mismo: a queso Filadelfia o, en el mejor de los casos, al queso regional de turno pero con base de queso crema. Ese no sería mi camino, sobre todo porque no quería utilizar nada con estabilizantes, y el queso crema los contiene. Para sorpresa de nadie, el mundo *cheesecake* ha ido conquistando territorios hasta convertirse en el postre más pedido en todos lados. Tendrá algo, sí, no lo discuto, pero carece de identidad. Tras llegar a esta conclusión, aún en busca de mi propio camino, pensé en que tenía que refrescar la memoria de cuáles eran los postres que más me habían marcado o impresionado e intentar llevarlos a mi terreno, dándoles forma y sabor a través de la leche de cabra.

En mis reflexiones llegué a la conclusión de que las cosas que más me gustaban eran elegantes pero sin artificio, discretas, sencillas, humildes, y que se podían tomar en pocos bocados, sin necesidad de artilugios ni de excesos en tamaño y grosor. Equilibradas. Y el equilibrio, en pastelería, es el quid de la cuestión. Por eso empecé por el molde, por la forma, porque mis recursos son limitados, así como un obrador y un horno muy pequeñitos, y me di cuenta de que no podía tener tropecientos moldes. Solo podía elegir uno para todos. Y entonces pensé en el pastel de nata y me di cuenta de que quería hacerlos, también por recuperar esa tradición de pastelería artesana más tradicional y sin tanta influencia francesa.

Así es como he llegado a desarrollar los pasteles que lucen en la pequeñita vitrina de Campo a Través. Con esa inspiración, imaginándome esa noche, que ojalá se convierta también en el recuerdo de otra persona que pasaba por aquí, se los comió y se fue feliz.

INGREDIENTES PARA LA BASE DE GALLETA
DE MANTEQUILLA DE CABRA
200 g de harina de trigo, 120 g de mantequilla de cabra de pastoreo, 40 g de azúcar, 1 huevo, 2 g de sal

INGREDIENTES PARA LA CREMA DE VAINILLA
320 g de leche de cabra de pastoreo,
180 g de nata, 6 yemas de huevo,
200 g de azúcar, 40 g de almidón de maíz,
1 vainilla

ELABORACIÓN

Para la base de galleta, deberemos batir la mantequilla junto con el azúcar y la sal hasta que se integren. Posteriormente, añadimos el huevo y la harina, y removemos hasta que se genere una masa blanda y ligeramente húmeda (pero no pegajosa) que sea manejable. En ese momento, ponemos un papel sulfurizado sobre la mesa, extendemos la masa sobre él y, por encima, otro papel sulfurizado que te ayudará a que el rodillo no se pegue mientras la extendemos hasta crear una capa de un centímetro de grosor. A continuación, enfriamos en la nevera para luego cortar discos del diámetro del molde de los pasteles (en mi caso, aproximadamente de siete centímetros).

En una cacerola amplia, ponemos todos los ingredientes de la crema de vainilla. Sin parar de remover, controlamos la temperatura, pues más o menos a 80 °C empezará a formarse la crema, pero es preciso que estemos removiendo constantemente, porque si no se agarrará al fondo. Una vez creada la consistencia de crema, apagamos el fuego y reservamos. Para servir mejor, yo me ayudo de una manga pastelera que relleno de crema, pero se puede hacer también con cuchara.

Untaremos los moldes de mantequilla y pondremos los discos cortados de la masa que hemos elaborado previamente, para hornear a 140 °C durante quince minutos. Al sacarlos del horno, incorporamos la crema pastelera hasta llegar al borde. Precalentamos el horno a 200 °C y horneamos durante ocho minutos más. Sacamos y dejamos que enfríen al menos dos horas antes de desmoldarlos, en caliente será imposible. Con ayuda de una puntilla, y como si de un flan se tratara, bordeamos el interior del recipiente para extraer el pastelito del molde. Antes de deleitarte, una advertencia: cuidado, son adictivos.

Invierno

Galletas de anís

Hablar de invierno es hablar de hogar. Si el otoño significa ese trabajo de recolecta, de cuidado, el invierno es la época de la pausa, de la espera, de la esperanza. El campo guarda su energía en las raíces y es curioso porque también nosotros buscamos en esta época las nuestras y nos refugiamos en la tradición, en lo familiar. Por eso los helados que hacemos en esta época están cargados de nostalgia y de elaboraciones más clásicas, aunque siempre les busquemos su lado más atrevido. Helados que nos evocan recuerdos y legados culinarios que nos emocionan y nos acompañan en las celebraciones. Hablar de invierno también es hablar de Navidad. Y con ella y su romanticismo me gustaría comenzar.

Para muchos, la Navidad es sinónimo de abundancia. Incluso quienes tienen poco se esfuerzan por sacar su mejor versión, tanto en los platos, las conservas, el pan o el vino. Es algo bonito que hemos heredado, aunque ya desde una perspectiva secularizada: en la estación de menos aprovechamiento natural, de más frío, de más decadencia, busquemos algo de luz, reflexionemos, compartamos. En mi caso, la Navidad tiene algo de romanticismo, de refugio, y bajo todo el entramado consumista se esconde nuestro deseo de mejorar y de ofrecer a los demás aquello que tenemos. Creo que esta receta encarna ese espíritu y tiene todos los ingredientes para celebrar estas fiestas.

Mi abuela cuenta que, antiguamente, muchos de los hornos de pan toledanos frenaban su producción habitual en invierno para elaborar el mazapán. Pero también era muy común que cada familia llevara en una cestita su harina, sus huevos, su azúcar o miel y cualquier otro ingrediente que quisieran y le pidieran al panadero que los horneara, pues en la mayoría de las casas no había horno. Siempre me ha fascinado esta historia porque durante mucho tiempo he sido panadera, levantándome cuando a veces la gente se acostaba y trabajando de madrugada para ofrecer cada mañana un buen pan. Creo que este oficio es también un bien de interés público, y que no deberíamos perder el espíritu de las panaderías. Lo que sucede con el helado industrial se multiplica en el caso del pan. Apenas quedan panaderías que hagan el pan como antiguamente, sin aditivos, sin químicos, con su reposo, su acidez, su formado a mano, sus aromas a cereal fermentado.

Lo que siempre me ha fascinado de los panaderos a lo largo de la historia es la generosidad: como ya tenían el horno encendido, dejaban que la gente más humilde les llevara sus dulces para ser horneados con el poder calorífico residual. Es lo que hacía mi bisabuela: preparar una cesta con harina, huevos, aceite y anís que recolectaban en el campo, para que su hija se la llevara al panadero y este hiciera y horneara unas galletitas por Navidad. Aunque era común elaborar el mazapán, no siempre se podían permitir la harina de almendra o la miel. De la necesidad hicieron virtud, poniendo al mal tiempo buena cara. Precisamente, una actitud totalmente navideña y muy de mi abuela; así que esta receta va por ella. La única modificación que hemos hecho para que cobrara sentido con nuestra materia prima básica, la leche, ha sido la de sustituir el aceite de oliva por mantequilla de cabra.

INGREDIENTES PARA LAS GALLETAS
225 g de mantequilla de cabra de pastoreo,
100 g de azúcar moreno, 10 g de ajonjolí,
350 g de harina de panadería, 2 g de sal

ELABORACIÓN DE LAS GALLETAS

Para hacer las galletas necesitaremos mezclar la mantequilla en pomada (no derretida) con el azúcar. A mí me gusta moler un poco el azúcar en un mortero o con ayuda de un molinillo para que la textura sea más fina. Añadimos las semillas de ajonjolí o anís y acto seguido incorporamos la harina tamizada y la sal. Amasamos un poco hasta que nos haya quedado una masa homogénea algo pegajosa pero fácil de manejar. Reposaremos la masa al menos una hora en frío para que vuelva a ganar consistencia y podamos modelar las galletas. Puedes utilizar moldes de galletas si los tienes, aunque yo las formo a mano haciendo pequeñas bolas de unos 15 g que luego aplasto hasta que me queda una galleta más o menos de un centímetro de alto. Deposito las galletas sobre un papel de horno y las horneo durante quince minutos a 150-160 °C.

INGREDIENTES PARA EL HELADO
540 g de leche de cabra de pastoreo, 170 g de nata,
160 g de azúcar, 80 g de leche desnatada en polvo,

20 g de yemas, 20 g de vino dulce, 10 g de anís, 4 g de sal, 2 pieles de limón

ELABORACIÓN DEL HELADO

Ponemos todos los ingredientes en frío en una cacerola, excepto las galletas de anís, y, siempre a fuego lento, iremos controlando la temperatura con ayuda de un termómetro. Cuando la mezcla esté alcanzando los 72 °C la retiramos del fuego y la ponemos en un baño maría inverso de frío para que baje la temperatura rápidamente antes de meterla en la nevera. Una vez fría, la reservamos en el frigorífico hasta el día siguiente. Encendemos la mantecadora, colamos la mezcla para quitar la piel de limón y los ajonjolís, y, con ayuda de un brazo triturador, emulsionamos de nuevo la mezcla y la vertemos sobre la mantecadora. Hacemos el helado hasta que haya ganado consistencia. Cuando sea así, vertemos más galletas de anís troceadas y dejamos que dé un par de vueltas más. Extraemos con ayuda de una espátula a un recipiente previamente congelado y lo tapamos para que no coja olores indeseados en el congelador. Reservamos en este último hasta el momento de la consumición. Para decorar puedes poner más galletas de anís por encima o incluso coger dos galletas de anís y, con ayuda de un sacabolas, colocar una bola entre medias como si de un sándwich helado se tratara.

Turrón helado

Cuando era pequeña, a principios de diciembre mi abuela preparaba la mesa de centro del salón llena con platitos de «cortaditos». Había mazapanes, empiñonadas, pan de Cádiz, marquesitas, fruta deshidratada y turrones de todos los tipos cortados por ella en porciones de bocado. Esa mesa era sinónimo de abundancia, de celebración y de felicidad. Por ello, todo lo que tiene que ver con los dulces de Navidad, e imagino que le pasará a mucha gente, nos transporta a esa infancia donde toda la familia estaba reunida alrededor de una mesa que mi abuela decoraba con ilusión y mimo. Ahora he empezado a comprender que la Navidad cobra sentido por los niños, pero sobre todo por los abuelos.

En heladería, el turrón también es un clásico. De hecho, en muchas ocasiones se trata de un complemento ideal, ya que el invierno es época de bajo consumo de helado y esta es una buena alternativa que además se elabora con una materia prima que suele haber en las heladerías: los frutos secos. La realidad es que no hay Navidad sin una buena tableta de turrón blando, con su grasita de almendras, con su toque dulce pero sin ser pesado, su punto de sal, sus trocitos crujientes que aparecen de vez en cuando. Aquí lo importante es que sea artesano, que los frutos secos y la miel sean de origen nacional y de cultivo respetuoso y que estén molidos a piedra, pues es así como la grasa se suelta otorgando todo su sabor. Ahora bien, es importante elegir bien la variedad de almendras, puesto que no vale cualquiera. Tiene que ser dulce, y de ese tipo las mejores que se cultivan en España son la marcona y la ramillete.

Nosotras no queríamos hacer este dulce tradicional sin más, sobre todo porque no lleva leche de cabra, que es nuestro producto principal y lo que ponemos en valor. Así que se nos ocurrió la idea de elaborar turrones helados. En su tableta correspondiente, sí, pero helados al fin y al cabo. El secreto es el mismo que el de un buen turrón: comprar almendras dulces, en nuestro caso de Granada, y tostarlas nosotras mismas para decidir su punto perfecto de tueste; molerlas en nuestro pequeño molino de piedra (también se conoce como «conchadora»); trabajar con una buena miel de la zona; y dejar una parte para aportar un toque crujiente y decorarla como si de un regalo se tratara. Como será difícil que tengáis un molino de piedra en casa, puede ser una alternativa triturarlas en la batidora. En nuestra opinión, el resultado no es tan óptimo, porque lo que hace el molino es extraer los aceites esenciales de la almendra y crear una crema untuosa, sin granos y tremendamente rica. Por eso te recomiendo que eches mano de una buena pasta de almendras molidas ya elaborada, si es posible de cultivo ecológico.

INGREDIENTES PARA LA BASE DE TURRÓN BLANDO DE ALMENDRAS
300 g de pasta de almendras, 100 g de miel, 1 g de canela, 2 g de sal

INGREDIENTES PARA EL HELADO DE TURRÓN BLANDO

580 g de leche de cabra de pastoreo, 110 g de nata, 100 g de azúcar, 80 g de miel, 70 g de leche desnatada en polvo, 60 g de almendras molidas, 4 g de sal

ELABORACIÓN

Comenzaremos con la base de turrón blando de almendras: mezclamos todos los ingredientes en un bol grande con ayuda de una espátula. Conforme la miel se integra con la pasta de almendras, va cogiendo la densidad característica de un turrón blando. Reservamos.

Tomamos todos los ingredientes para el helado, excepto la miel, y los calentamos hasta que lleguen a 72 ºC. Cuando hayan alcanzado la temperatura, los retiramos inmediatamente y ponemos el cazo en un baño maría de frío para que reduzca la temperatura. Una vez enfriado, incorporamos la miel y lo guardamos todo en la nevera durante la noche.

Pasado el tiempo necesario de reposo, batimos la mezcla con ayuda de un brazo batidor para que se integre de nuevo la nata que suele aparecer en la capa superior y que emulsione un poquito. Cuando la mantecadora esté en temperatura negativa, agregamos a la cuba la mezcla y esperamos a que se haga la magia. Una vez que se haya generado la textura del helado, podemos incorporar un poco de la pasta de almendras que hemos elaborado previamente y dejamos que dé unas cuatro o cinco vueltas para crear un veteado en el helado.

Paramos la máquina y sacamos el helado con una espátula para depositarlo en el molde de turrón o, si no tienes, en un recipiente plano, rectangular o cuadrado que tendrás que congelar previamente. Con ayuda de otra espátula limpia allanarás la parte superior para que quede lisa y con forma de bloque y añadirás un poco más de pasta de almendras y algunas almendras enteras previamente tostadas para decorar. Entonces sí, puedes llevar el helado al congelador para que se estabilice como mínimo una hora. Para desmoldarlo será necesario dar calor a los laterales del recipiente; puedes hacerlo con ayuda de un soplete si tu molde es de metal. Si no lo es te recomiendo que utilices, antes de poner en el recipiente el helado de turrón, un papel de horno en el interior del molde con los laterales sobresaliendo y rellenarlo dejando estas solapas por fuera para luego poder tirar de ellas y sacar el turrón con facilidad. Sugerencia de presentación: coge una bandeja alargada y sirve el bloque de turrón en una mesa navideña, córtalo como si de un turrón se tratara y sírvelo en cada plato y a degustarlo con cuchara.

Sopa de almendras

Ningún postre encapsula mejor la cultura mediterránea que el mazapán. En *Las mil y una noches* ya se hace referencia a él, y se dice que fue una receta que heredamos de los árabes. A veces me asombra el afán que tenemos por ver qué cultura lo inventó primero, cuando la realidad es que el mazapán se hace a partir de dos productos que están presentes en todo el arco mediterráneo: la almendra y la miel. Por mucho que insistan, no lleva nada más. Hay quien, por abaratar costes, le echa patata o azúcar, pero la receta original es simple y llanamente almendra cruda molida y endulzada con miel, que da como resultado una textura tan manejable que permite hacer figuritas.

Como mi abuela es de Toledo, esta receta es un icono en la familia. Ante la falta de dinero que hubo en la región durante los años de posguerra, su hermana Carmen trabajó en la fábrica de mazapanes Delaviuda, y, aunque hoy es sinónimo de celebración, durante mucho tiempo el mazapán, una potente fuente de carbohidratos, dio alimento a una gran cantidad de población.

Te traigo una receta a base de mazapán que es tradicional en Toledo. Es cocina de resistencia y mi abuela la prepara en Navidad, tal como le enseñó su madre. Se trata de una sopa, sí, como la sopa castellana, pero dulce, en la que los protagonistas son la pasta de mazapán, la leche y el pan. Antes de empezar, será necesario que te acerques a una confitería artesana donde te vendan la propia pasta de mazapán con la que elaboran las figuritas. Esto suele ser habitual en Toledo, pero, si no puedes ir, bastará con que utilices algunas de las figuritas que se van quedando duras de la Navidad.

INGREDIENTES

580 g de leche de cabra de pastoreo, 140 g de nata, 100 g de azúcar, 80 g de miel, 80 g de leche desnatada en polvo, 60 g de pasta de mazapán, 10 g de pan duro, 6 pieles de limón, 4 g de sal, 1 rama de canela

ELABORACIÓN

Ponemos a calentar en una olla todos los ingredientes, excepto la miel, y la llevamos a 72 °C. Cuando haya alcanzado esta temperatura, la retiramos a un baño maría inverso para que se enfríen. Entonces, vertemos la miel y reservamos todo en la nevera durante la noche.

Al día siguiente, volvemos a emulsionar la mezcla para que se integre con ayuda de un brazo triturador (túrmix). Metemos la mezcla en la cuba de la mantecadora (previamente atemperada) y esperamos a que se haga el helado. Cuando esté hecho, lo extraemos a un recipiente previamente congelado y lo guardamos en el congelador tapado hasta el momento del disfrute. Sugerencia de decoración: un poquito más de canela en polvo por encima, y a gozar de este sabor dulce de la Navidad.

Roscón de Reyes

Uno de los trabajos más importantes de mi vida fue en el Obrador Abantos, la panadería del pueblo. No es una panadería cualquiera, porque allí elaborábamos todos los panes con masa madre pura, sin aditivos, simplemente con las levaduras que crecen espontáneamente dentro de la mezcla de harina y agua, y que sueltan sus gases y hacen que el pan se airee y se hinche de una forma natural.

Recuerdo que unas Navidades Mariluz me regaló el curso de pan que se celebraba por primera vez en el obrador. Se trataba de una introducción básica a la panadería. En una jornada nos enseñaban a hacer un pan y una *focaccia* para que pudiéramos replicarlos en casa. Aquello de tocar las masas líquidas y pegajosas me fascinó, y me enamoré del oficio. Así que seguí haciendo alguna prueba casera hasta que supe que necesitaban panaderos, y me presenté como candidata. En la entrevista, David, que luego sería mi jefe, me recalcaba que era necesario madrugar mucho y que era un trabajo muy físico, pero yo estaba dispuesta a hacer lo que fuera.

Me dieron el puesto, y al día siguiente allí estaba a las cuatro de la mañana lista para el baile. Cargar, descargar, hacer rollos de canela o *cookies*, amasar serrana, multi, integral, centeno, molletes, la del día, espelta, y hornear, formar, limpiar... Todo eso sucede en una mañana tranquila en la que no paras ni un instante. El obrador tiene algo que engancha, pues es muy físico. Siempre pienso que éramos como deportistas entrenando, saco de harina para arriba, saco para abajo. Enseguida tonifiqué los músculos de mis brazos y espalda, pues lo más habitual es mover la harina de 25 en 25 kilos. Por no hablar del día que no funcionaban las amasadoras y había que amasar todo el pan a mano. Eso hay que vivirlo.

Trabajé a destajo y siempre estaba muy cansada por los horarios. Cuando quedaba con mis amigas para cenar solía pensar: «En tres horas me tengo que levantar». Pero fui muy feliz allí. Es una sensación que no se puede explicar: el hecho de madrugar tanto e ir a la panadería con las calles vacías, la gente durmiendo, y tú haciendo lo que será su alimento. Es bonito.

Sin duda alguna, los momentos más duros y exigentes se viven en la campaña de Navidad. Eso hace que la mayoría de los panaderos, si ya dormíamos poco, lo hagamos aún menos. Porque hay que producir muchos más dulces de lo normal para las sobremesas con la familia, además del pan habitual. Y ahí está el famoso roscón de Reyes. A mí me parecía un dulce un poco estridente, no me llamaba nada la atención: fruta escarchada, un bollo cargado de agua de azahar y decorado con una nata de no muy buena calidad. A estas alturas ya nos conocemos lo suficiente como para contarte sin que te escandalices que lo que te he descrito no estaba dentro de mis cosas preferidas, así que normalmente, cuando llegaba el momento del roscón, yo lo descartaba. Hasta que probé el del obrador. Lo hacíamos con zumo y ralladura de naranja natural y un agua de azahar de alta calidad con un perfume sutil y nada invasivo. Lográbamos una miga muy esponjosa, por una mezcla de mantequilla y harina que es una delicia. También me enamoré de él por su laboriosidad, desde la confitura de naranja hasta el amasado, la fermentación en bloque, el formado, el meter la habita, la segunda fermentación, la decoración con almendra y el horneado. Son muchos pasos delicados que te hacen estar muy despierta durante todo el proceso. Es algo que requiere tanto mimo y cuidado.

Así que, si hay una receta que rescataría de esta etapa, por la cantidad de horas que echamos en Navidad y por lo bonito que fue compartir todos esos momentos de estrés, tensión y felicidad con mis compañeros, es el roscón. Esta es mi versión helada.

Antes de comenzar, una advertencia: hacer un roscón de Reyes implica, como mínimo, dos días de trabajo laborioso. Requiere de fermentaciones muy controladas, por lo que lo mejor, para no gastar tiempo y dinero sin sentido, es que eches mano de tu panadería o pastelería de confianza, y si es de masa madre mejor.

Para evocar un sabor similar en heladería es necesario comprender bien los ingredientes que lleva cada receta. En el caso del roscón, son indispensables la naranja confitada, los huevos y el agua de azahar.

INGREDIENTES

*500 g de leche de cabra de pastoreo,
180 g de azúcar, 130 g de nata, 80 g de zumo
de naranja, 80 g de leche en polvo, 30 g de yemas,
30 g de naranja confitada, 15 g de almendras,
4 g de sal, 2 ml de agua de azahar*

ELABORACIÓN

Comencemos con las naranjas confitadas: aprovechando las pieles de las naranjas tras haber hecho el zumo para la base, las ponemos a cocer durante al menos media hora en un cazo con agua, para que suelten su amargor. Después, las extraemos y dejamos templar. Con ayuda de un cuchillo afilado, quitamos el albedo (la parte blanca entre la corteza y la pulpa), que ya estará blandito. Cortamos las naranjas en tiras finas, muy finas, de menos de medio centímetro de grosor, y después hacemos cuadraditos pequeños.

De nuevo en el cazo, habiendo desechado la anterior agua de cocción, pesamos los trocitos cortados. Agregaremos la misma cantidad de lo que pesen de agua, y otra tanta de azúcar, de tal manera que la proporción quede 1-1-1. Cocemos a fuego lento hasta que el agua se haya evaporado y los trocitos estén blanditos e integrados con el azúcar. Reservamos.

Para el helado, calentamos todos los ingredientes (excepto el zumo de naranja, el agua de azahar, las almendras y la naranja confitada) en una olla hasta que se llegue a 72 °C. Cuando se haya alcanzado la temperatura, retiramos inmediatamente la mezcla del hornillo y la ponemos en un baño maría de frío para que reduzca la temperatura. Una vez que se haya enfriado, incorporamos el agua de azahar para que no pierda sus aromas y la guardamos en la nevera durante la noche.

Al día siguiente, emulsionamos la mezcla con ayuda de un brazo batidor para que se integre de nuevo la nata que suele aparecer en la capa superior. Tras haber encendido la mantecadora, para que vaya cogiendo temperatura, preparamos el zumo de naranja. Cuando el aparato esté en temperatura negativa, agregamos la mezcla a la cuba y, acto seguido, el zumo de naranja. Y esperamos a que se haga la magia.

Cuando se haya generado la textura que deseamos, incorporamos las almendras y la naranja confitada, y dejamos que dé unas cuatro o cinco vueltas para generar un veteado en el helado. Paramos la máquina y, con una espátula, colocamos el resultado en un recipiente previamente congelado y lo llevamos al congelador durante un mínimo de una hora, para que se estabilice. Sugerencia de decoración: añade unos trocitos de roscón por encima.

Limón con cava y merengue

Pocos ingredientes hay más transversales que un limón. No solo porque su fragancia sea tan aromática que no necesite presentación, sino porque vertebra desde la sombra toda una identidad gastronómica, tanto dulce como salada, de este a oeste y de norte a sur. Sin ir más lejos, ya estaba en la repostería mucho antes de que llegaran la canela o la vainilla, y bastaba con su esencia para subir de nivel cualquier postre. Así es el limón, siempre aguarda en una nevera por si lo echas en falta o por si te ha quedado soso el plato.

    El equilibrio que tiene entre perfume, acidez y dulzor me resulta maravilloso. Conforme van pasando los años me voy dando cuenta de lo importante que es la acidez dentro de un plato y de cómo, con un uso consciente y moderado, consigue que nuestras papilas gustativas se deleiten. Siempre pienso que el limón es como una coma en un escrito: consigue poner el ritmo a un texto, da aire, logra que la narrativa cobre armonía apenas con una simple pizca. No es baladí que, en los hatillos de los pastores, es decir, aquella «maleta» en la que llevaban sus provisiones para comer, nunca faltara una parte ácida como el vinagre, porque su acidez, junto con la grasa del aceite, consigue crear un hilo conductor del sabor en muchos de nuestros platos más típicos. Al final, el vinagre es una conserva, pero siempre pienso que se puede permutar por el limón en cualquier plato (véase, por ejemplo, cómo los limones hacen la misma función en una mayonesa, en el aliño de una ensalada o en un escabeche). Dicho esto, que el vinagre me perdone, pero el limón es el rey del sabor. También en el helado.

Estoy segura de que el helado de limón es el más vendido en el mundo, seguido del de chocolate o el de fresa. Al menos eso es lo que ocurre en Campo a Través, y si sucede así es por algo. Aunque los mejores limones se dan en invierno, nosotras elaboramos su helado todo el año, porque aguanta bien. Y, si faltan en verano, que nos suele suceder, siempre se puede fermentar unos meses antes para tener provisiones. De hecho, el helado de limón fermentado es una delicia, menos fresco pero mucho más intenso, con rudeza y rico en umami.

El secreto de nuestros helados de limón es la combinación con la leche de cabra y su nata. Aunque el limón posea un pH bajo y a temperatura ambiente cuajaría la leche, en temperaturas negativas conseguimos una simbiosis exquisita. Porque, como te decía, aquí acidez y grasa láctea hacen un estupendo conductor del sabor.

Me gusta elaborar esta receta especialmente en invierno, porque se realza la parte chispeante del limón que la vuelve divertida, desenfadada, ligera y extraordinaria. A continuación, el helado de limón con cava y merengue que preparo todos los años en Nochevieja para despedir el año. Si no tomas alcohol, puedes sustituir la parte del cava por leche o por más limón, como prefieras.

INGREDIENTES PARA EL MERENGUE
100 g de claras de huevo de aprovechamiento de otras recetas, 100 g de azúcar glas

ELABORACIÓN DEL MERENGUE

Para lograr el merengue necesitaremos unas varillas, tiempo y paciencia. Si tienes batidora profesional, te ahorrarás sudores (aunque yo lo he hecho durante mucho tiempo a mano y sigo aquí). Debemos batir con energía las claras de huevo en un bol grande, hasta que cambien de color a blanco brillante y no quede nada de clara líquida en la base. Para comprobar que están en el punto de nieve, tumbamos un poco el bol hacia un lado y verificamos que no se caen. En ese momento, incorporamos el azúcar glas poco a poco, batiendo constantemente y con ligereza. Al final, el merengue no debe haber perdido consistencia.

Ponemos la mezcla sobre papel sulfurizado y aplanamos con espátula para que quede una capa como de un centímetro, así se secará antes cuando la llevemos al horno, que ha de estar programado a unos 70 °C. La introducimos durante al menos cuatro horas (o hasta que veas que está seca). Puedes subir la temperatura a 100 °C para ganar algo de tiempo. Una vez horneado el merengue, reservamos.

INGREDIENTES PARA EL HELADO

430 g de leche de cabra de pastoreo, 180 g de nata, 100 g de zumo de limón, 20 g de cava o brut nature, 180 g de azúcar de caña golden (rubio), 70 g de leche desnatada en polvo, 4 g de sal

ELABORACIÓN DEL HELADO

Calentamos en una olla todos los ingredientes, excepto el zumo de limón y el cava, y llevamos a 72 °C. Retiramos a un baño maría inverso para que se enfríe rápido y reservamos en la nevera toda la noche.

Al día siguiente, hacemos el zumo de limón (que colamos para que no tenga pulpa) y preparamos la cantidad necesaria de cava. Encendemos la mantecadora para que se vaya enfriando y volvemos a emulsionar la mezcla para que se integre con ayuda de un brazo triturador (túrmix). Aproximadamente dos minutos después de meter la mezcla en la cuba, vertemos el zumo de limón y el cava, y continuamos mantecando hasta que la textura del helado se genere. Entonces, incorporamos trocitos del merengue seco que ya habíamos preparado y extraemos a un recipiente previamente congelado para guardar en el congelador tapado hasta el momento del disfrute. Sugerencia de presentación: decora la bola de helado con algún trocito de merengue o ralladura de limón por encima. El resultado será divertido, ácido por el limón, dulce y con un toque chispeante por el cava. Chinchín.

Chocolate con naranja

En noviembre, pasada la festividad de Todos los Santos, se empiezan a recolectar las primeras naranjas. Es una época que da el pistoletazo de salida a la ceremonia de la Navidad, y empieza con el perfume que se desprende al pelar la primera monda de naranja de la temporada.

Además de que muchos de los postres navideños llevan el aroma de su piel o las incorporan confitadas (como es el caso del roscón o el *panettone*), para mí, desde pequeña, la Navidad es sinónimo del zumo de naranja por las mañanas en casa de mi abuela. Solo con abrir una naranja me transporto al frío de su casa, a su desayuno, donde el mayor lujo era aquel zumo en vasito pequeñito que me preparaba para darme las vitaminas necesarias para arrancar el día.

Por eso, no conozco ninguna fruta que represente mejor la Navidad que la naranja, que adquiere el cénit de su dulzor natural en esta época (gran parte de nuestra repostería navideña está ligada a ella). Las naranjas que utilizamos en Campo a Través son de Juan, que tiene en Córdoba un proyecto de cultivo orgánico de cítrico de la mejor calidad a escala mundial y sigue una premisa muy clara: no se recolecta hasta que la naranja no ha madurado y sacado su dulzor en el árbol.

Aunque tenemos varios helados a base de naranja o de mandarina, para los que puedes rescatar la receta de limón y sustituir la parte del zumo de limón por el zumo de otros cítricos, el helado cuyo protagonista es la naranja (y está entre los más vendidos) es el de chocolate con naranjas confitadas.

Para elaborar este helado, aprovecharemos la piel de las naranjas con las que hicimos el zumo del desayuno (o de la merienda). Normalmente la piel se desecha, pero es un error pues posee un perfume increíble y si la confitas te puede durar hasta un año.

Para confitar las naranjas será necesario cocerlas al menos media hora para que suelten su amargor y se queden tiernas. Después, con ayuda de un cuchillo, nos desharemos de los restos de pulpa y nos quedaremos exclusivamente con la piel, que cortaremos primero en finas láminas y después en cuadraditos muy chiquititos, como si de Juanolas se tratara. Pesamos la cantidad que nos ha salido y ponemos el equivalente de agua y también de azúcar. Llevamos la mezcla a ebullición en una olla para que las naranjas se confiten a fuego lento al menos durante una hora, siempre vigilando que no se peguen. Cuando el agua se haya evaporado, ya estarán listas. Reservamos.

INGREDIENTES

600 g de leche de cabra de pastoreo, 110 g de chocolate del 73 por ciento, 90 g de azúcar de caña, 60 g de nata, 60 g de leche desnatada en polvo, 50 g de miel, 30 g de cacao en polvo, 4 g de sal

ELABORACIÓN

Antes de empezar con el helado, necesitaremos tener las naranjas confitadas listas y reservadas. En ese momento, ponemos a calentar todos los ingredientes en una olla, excepto la naranja, y llevamos la mezcla a 72 °C. Cuando haya alcanzado esta temperatura, retiramos a un baño maría inverso para que enfríe rápido y reservamos en la nevera durante toda la noche.

Una vez reposada, volvemos a emulsionar la mezcla para que se integre con ayuda de un brazo triturador (túrmix). Metemos en la cuba de la mantecadora y la ponemos en marcha, esperando a que se genere la textura del helado. Entonces, vertemos los trocitos de naranja confitada (para esta receta, unos 50 g) y extraemos a un recipiente previamente congelado que guardaremos en el congelador tapado hasta el momento del disfrute. Sugerencia de decoración: un poquito más de naranja confitada por encima te ayudará a dejarte llevar por la profundidad del chocolate y la frescura de la naranja.

Dulce de leche de cabra

Casi todo el mundo asocia el dulce de leche con Argentina. Parece lógico, pues es el país que más utiliza este untuoso dulce en su repostería (pienso, por ejemplo, en los alfajores o las facturas). Es un placer, pero, desde mi punto de vista, solo cuando es casero y parte de una buena leche y no peca de exceso de azúcar. Y, sí, esto es difícil de encontrar.

Realmente hacer dulce de leche no es complicado, aunque bastante laborioso, pues requiere de mucha paciencia removiendo y observando mientras la mezcla de leche y azúcar se va dorando hasta coger su tono marrón particular y su espesor tan característico. Siempre pienso que el dulce de leche es como una conserva, una confitura de la leche, como si de una mermelada se tratara. Y, en realidad, se necesitan las mismas proporciones de azúcar que para una mermelada, lo justo para que dure en el tiempo, pero sin necesidad de utilizar azúcar a montones. A nosotras nos gusta un equilibrio entre azúcar y leche del 30 por ciento.

El dulce de leche no es solo típico de Argentina, aunque puede que así sea con ese nombre porque, por ejemplo, en México se conoce como «cajeta» y tradicionalmente se hace con leche de cabra. Pero también se encuentra en otros países como India, Polonia, Noruega o Georgia. Descubrí todas estas cosas gracias al pastor americano Milk Trekker, que recorre el mundo pastoreando con rebaños para aprender más sobre la cultura de la leche. En Noruega, por ejemplo, reducen y tuestan el suero de leche sobrante después de haber hecho queso. Lo hacen en ollas de cobre sobre el fuego, sin dejar de remover durante horas, y le añaden un poco de azúcar. Esto provoca que la lactosa (el azúcar de la leche) se vaya agrupando y caramelizando hasta quedar como una pasta maleable y que se puede untar. También es el caso de nuestros amigos de La Lleldiria, en los valles pasiegos de Cantabria, que han empezado a elaborar dulce de suero de leche con el sobrante de hacer queso.

Nosotras hicimos muchas pruebas partiendo de la leche que traemos cada día recién ordeñada. De hecho, puede que sea el postre que más nos ha costado desarrollar, pues le afecta cualquier mínima variación de tiempo y de potencia del fuego. Hasta que comprendimos que los utensilios son fundamentales para obtener un buen resultado y que el cobre podía ser un aliado con la capacidad de transmitir el calor como lo hacían en Noruega. Así que compramos una olla de cobre de segunda mano y con ella hacemos nuestro dulce de leche aromatizado, para darle un toque más personal, con pieles de limón y semillas de vainilla.

INGREDIENTES
(PARA UNA OLLA GRANDE, DE UNOS 5 L)
1 l de leche de cabra de pastoreo, 300 g de azúcar de caña moreno, 3 pieles de limón, 2 g de bicarbonato, 1 vaina de vainilla

ELABORACIÓN

Ponemos a calentar a fuego medio en un cazo grande el litro de leche junto con el azúcar, el limón y la vainilla, y removemos constantemente hasta que el azúcar se haya integrado. Cuando la leche comience a hervir, incorporamos el bicarbonato y prestamos atención pues la leche tenderá a subir y se te puede salir.

Seguimos removiendo de vez en cuando. Una vez que haya pasado al menos media hora y empiece a coger un tono más tostado, bajamos el fuego. Es en este momento cuando hay que prestar más atención: tendremos que seguir removiendo al menos otra media hora más hasta que la leche se haya quedado en una cuarta parte y esté untuosa y de un color roble brillante. Retiramos la vainilla y el limón y apagamos. Es importante pasar el dulce de leche de la cazuela a un tarro en este momento, porque luego cuando se temple cogerá más espesor y resultará más difícil de manejar.

Kéfir con cabello de ángel

Hay pocas cosas, junto con las naranjas y los frutos secos, tan propios de la repostería de invierno como el cabello de ángel, aunque cada vez lo veo menos en las pastelerías. Es una verdadera lástima. Se hace a partir de la pulpa de las calabazas cidra, que tienen un inusual color verde y se recolectan en invierno. Suelen estar cerca de las puertas de las casas de las aldeas, porque la gente las deja allí durante meses, incluso años. Al tener esa cáscara tan dura, no se ponen malas. Cuando mi madre y yo nos mudamos a Redueña, un pueblo de la Sierra Norte de Madrid de apenas trescientos habitantes, muchos de los lugareños las cultivaban, aunque luego no sabían muy bien qué hacer con ellas. La realidad es que su única (y divina) utilidad es proporcionarnos el cabello de ángel.

Esto me lleva a recordar las bayonesas de La Mallorquina. Durante años, mi abuela trabajó en una tienda de lencería femenina al lado de este emblemático local de la Puerta del Sol de Madrid. Así que, cuando era pequeña y paseábamos por allí, siempre terminábamos comprando pastelitos en La Mallorquina o tomando chocolate con churros en San Ginés. Dos clásicos. De La Mallorquina me llamaban la atención los suizos, porque además tenían el nombre del país a donde había emigrado parte de nuestra familia, y encima estaban colmados de crema o de nata, pero ella solía pedir una bayonesa. Con el tiempo, he ido prescindiendo de las cremas pomposas y he encontrado en el recetario tradicional mucha luz hogareña a la que disfruto regresando.

En Granada, por ejemplo, también son típicas las tortas de la Virgen rellenas de chocolate o de cabello de ángel. Ya sabes cuál es mi preferida. Te invito a no dejarte llevar por la vista, sino por la tradición, cuando vayas a una pastelería. En caso contrario, corremos el riesgo de acabar consumiendo solo cruasanes y brioches. Y así perderemos nuestra esencia.

Este año he hecho acopio de calabazas de cabello de ángel. Me las han traído, cargadas de generosidad, Pep, de Peguerinos, y Fran, de El Escorial. Las he reservado para un momento especial, cuando tenga el tiempo y la energía suficiente para dedicárselo como merecen. El cabello de ángel, como su propio nombre indica, es una cosa delicada y frágil para la cual hay que tener paciencia.

INGREDIENTES PARA EL CABELLO DE ÁNGEL
1 calabaza, azúcar golden *(la medida depende del peso de las hebras tras la cocción), canela al gusto*

ELABORACIÓN DEL CABELLO DE ÁNGEL

Cortamos la calabaza, con la piel incluida, en varios trozos grandes y la ponemos a hervir al menos durante una hora, para que la pulpa se ablande. Una vez hervida y atemperada, con mucho cuidado, retiramos la piel y las semillas, respetando las hebras propias de la pulpa, que serán nuestros futuros cabellos de ángel. Escurrimos bien.

Pesamos el cabello resultante de haber quitado la piel y las pipas, y añadimos la misma cantidad de azúcar y una pizca de canela al gusto, tratando de que no sea invasiva y ceda protagonismo a la calabaza. Vertemos todo en una olla y lo cocemos al menos durante una hora, a fuego muy lento, hasta que adquiera su color ámbar particular. Tendrás que estar pendiente en este proceso pues no conviene que caramelice y para ello es necesario remover.

INGREDIENTES PARA EL HELADO

180 g de leche de cabra de pastoreo, 170 g de nata, 400 g de kéfir, 180 g de azúcar, 80 g de leche desnatada en polvo, 30 g de cabello de ángel, 4 g de sal

ELABORACIÓN DEL HELADO

Reservamos el kéfir mientras ponemos a calentar en una olla el resto de los ingredientes. Cuando hayan alcanzado los 72 °C, los retiramos a un baño maría inverso para que se enfríen rápido. Una vez que la mezcla esté fría, vertemos el kéfir y guardamos en la nevera durante la noche.

A la mañana siguiente, volvemos a emulsionar la mezcla para que se integre con ayuda de un brazo triturador (túrmix). La metemos en la cuba de la mantecadora (previamente enfriada) y esperamos a que se haga el helado. Una vez esté hecho, dejamos que dé unas vueltas más junto con el cabello de ángel, que vertemos en la cuba. Extraemos a un recipiente previamente congelado y lo guardamos en el congelador tapado hasta el momento del disfrute. Sugerencia de decoración: coloca unas hebras más de cabello de ángel por encima o, incluso, si tienes algún hojaldre a mano, trocea un poquito e incorpóralo para darle un toque a bayonesa.

Chocolate y menta silvestre

Mi gusto por el chocolate ha ido en aumento a lo largo de los años, a medida que he ido pudiendo probar diferentes tipos de chocolates artesanos. En la pubertad, tenía comprobado que si lo tomaba me provocaba acné. Eso, unido a que no era mi dulce preferido, me hizo perder interés. No lo recobré hasta que empecé a trabajar en una panadería y a curiosear acerca de su elaboración, y encontré una explicación a mi anterior indiferencia: igual que ocurre con el café, existe un gran comercio ultramarino de este alimento que, en la mayoría de los casos, incorpora ingredientes poco deseables, como grasas derivadas y tratadas, excesos de azúcar y conservantes, por no hablar de un maltrato a la tierra y una tiranía sobre la gente que cultiva el cacao.

El chocolate es un manjar, ahora lo sé, y hay que pagar por él. Su precio lo marca el proceso de elaboración. Desde el cultivo de la mazorca del cacao, su fermentación, su transporte, su atemperado y, sobre todo, el respeto por su esencia, la elaboración del chocolate es un camino muy largo del cual solo conocemos el final.

Mariluz y yo necesitábamos dominar cada paso para comprender que el chocolate es fruto del campo, un fruto que es imposible que mantenga su sabor igual todos los años y que expresa muchos aromas y esencias en función de la variedad y origen del cacao, así como de su porcentaje de azúcar añadido. Por eso, cuando hacemos helado de chocolate, solo tenemos uno disponible durante cada estación, y vamos eligiendo los orígenes y los perfiles que más nos gustan para ese momento. En esa decisión nos ayuda trabajar con tostadores de cacao especializados. Cuanto más puro sea el chocolate, es decir, cuanto menos porcentaje de azúcar lleve, más nos gusta, porque en nuestra elaboración helada ya trabajamos con un pequeño porcentaje de azúcar. Por eso casi siempre elegimos un chocolate del cien por cien.

Una combinación que nos emociona y dice mucho de nosotras es la del helado de chocolate del cien por cien con menta silvestre que recolectamos. Llegamos a esta variedad tratando de entender el éxito del helado de After Eight. La menta y el chocolate siempre han casado bien, pero esta propuesta comercial es tremendamente artificial. Así que decidimos intentar crear una elaboración artesana elegante, partiendo de ingredientes naturales y de calidad. Si hubiéramos querido hacer una réplica, habríamos tenido que dar protagonismo a la menta. Sin embargo, cuando esta es natural puede resultar invasiva porque posee un sabor sin domar, complejo, que no se parece en nada a la esencia de menta que lleva el helado verde que abunda en las heladerías. Decidimos, entonces, poner el foco en el chocolate, al que siempre le vienen bien los toques frescos de los cítricos y la menta.

Un día, en pleno verano y pastoreando con las ovejas mientras hacía la escuela de pastores, llegamos a un río por el que las ovejas empezaron a meterse. De repente, me vino un perfume exquisito, fresco, que levantaba todo el calor y la sequedad del ambiente. Se trataba de una menta silvestre, de textura aterciopelada, con la que un poco basta para ser consumida en crudo, pero le vi potencial, así que me llevé unas cuantas hojas para casa. Allí hice la prueba de infusionar la leche con las hojas y comprobé que al calentarlas perdían toda su esencia fresca. Al día siguiente, probé a dejarlas en reposo en frío junto a la leche y a la mañana siguiente tenía lo que buscaba: todo el perfume natural de la menta embebido por la leche. Tomé la decisión de hacer lo mismo con la base de chocolate, y queda espectacular.

INGREDIENTES

600 g de leche de cabra de pastoreo, 110 g de chocolate del 73 por ciento, 90 g de azúcar de caña, 60 g de nata, 60 g de leche desnatada en polvo, 50 g de miel, 30 g de cacao en polvo, 10 g de menta silvestre, 10 hojas de menta para el veteado, 4 g de sal

ELABORACIÓN

Para hacer el helado ponemos a calentar todos los ingredientes en una olla, excepto la menta, y lo llevamos a 72 °C. Cuando haya alcanzado esta temperatura, retiramos la mezcla y la ponemos en un baño maría inverso, para que enfríe rápido. En ese momento, echamos los 10 g de menta y reservamos en la nevera toda la noche.

Por la mañana, volvemos a emulsionar la mezcla para que se integre todo con ayuda de un brazo triturador (túrmix). La metemos en la cuba de la mantecadora (previamente enfriada) y esperamos a que se genere la textura del helado. Entonces vertemos más trocitos de menta fresca (unas diez hojas cortadas finas) y extraemos a un recipiente previamente congelado, para guardar el helado resultante tapado en el congelador hasta el momento del disfrute. Sugerencia de decoración: pon un poquito más de hojas frescas por encima.

Sabayón con uvas pasas

Regreso de nuevo al recetario tradicional para presentarte otra receta que me encanta. Se trata del sabayón, una especie de natillas al vino dulce espectaculares que se pueden tomar en frío o en caliente. Esta última opción es muy contundente, y me encanta para los días fríos navideños. Se dice que el *zabaione* proviene de la cocina italiana. De hecho, yo lo conocí oficialmente con ese nombre en la heladería en la que trabajaba, donde se servía este helado a base de yemas de huevo y vino de Marsala. Extraoficialmente, lo recuerdo de antes, cuando mi abuela me preparaba esta crema caliente con un chorrito del vino que tuviera a mano, normalmente Pedro Ximénez o moscatel dulce. Con el tiempo, he ido conociendo otras variantes de la receta, como el ponche de yema de huevo, que, por lo visto, también proviene de una bebida medieval muy típica en Inglaterra conocida como *posset*.

La verdad es que es un postre muy sencillo de hacer y parte de ingredientes que la mayoría de las familias podían adquirir, sobre todo en territorios vitivinícolas. Esta crema de yemas de huevo al vino fue un alimento calórico muy útil para cuando no había disponibilidad de arroz, ni de pan, ni existían las harinas refinadas del tipo maicena. Esa es la razón de que abunden los postres de cuchara, como la sopa de almendras o las natillas (que fueron primer plato antes de debutar como postre).

Mi abuela siempre guarda, en un frasquito, uvas pasas remojadas con un chorrito de vino dulce. Es su toque maestro para elaboraciones como el arroz con leche, la sopa de almendras y las torrijas.

Esta receta admite muchas combinaciones. De hecho, se puede incorporar canela, jengibre, cardamomo o anís estrellado. En cantidad moderada, eso sí, apenas 2 g de mezcla total de especias. También vainilla. Pero, si quieres hacer la versión tradicional para deleitarte con el sabor amable de la leche, las yemas de huevo y el vino, te recomiendo que empieces por aquí. Tiene un gusto muy especial. Y puedes probar la mezcla en caliente (como si se tratara de un chocolate, en el que se remojan bizcochitos o que se acompaña con churros) o en frío, como unas natillas. Compartiré la receta clásica y luego un helado de crema de yema de huevo al vino con uvas pasas.

INGREDIENTES PARA EL SABAYÓN CALIENTE

300 g de leche de cabra de pastoreo,
180 g de yemas, 140 g de azúcar, 40 g de maicena,
20 g de vino dulce, 2 g de sal

ELABORACIÓN DEL SABAYÓN CALIENTE

Ponemos todos los ingredientes en frío en una cacerola y, siempre a fuego lento, iremos controlando la temperatura (con ayuda de un termómetro). Es muy importante no dejar nunca de remover: esta receta requiere mucha atención y presencia. Cuando la mezcla esté alcanzando los 80 °C es cuando empezará a cuajar y cuando resultará más crucial que nunca remover. En el momento en que veamos que ha espesado, apagamos el fuego y servimos en una taza de cerámica, para que conserve el calor y nos lo tomemos como si de un chocolate caliente se tratara.

INGREDIENTES PARA EL HELADO DE SABAYÓN

540 g de leche de cabra de pastoreo, 170 g de nata, 30 g de yemas, 20 g de vino dulce, 160 g de azúcar, 80 g de leche desnatada en polvo, 4 g de sal, 20 g de uvas pasas moscatel

ELABORACIÓN DEL HELADO DE SABAYÓN

Ponemos a calentar todos los ingredientes en una olla, excepto las pasas, y llevamos a 72 °C. Cuando se haya alcanzado esta temperatura, retiramos a un baño maría inverso para que se enfríe rápido. Reservamos en la nevera durante toda la noche.

Una vez reposada la mezcla durante al menos medio día, volvemos a emulsionar la mezcla para que se integre con ayuda de un brazo triturador (túrmix). La depositamos en la cuba de la mantecadora (que ya debe estar a la temperatura adecuada) y esperamos a que se haga el helado. Cuando esté hecho, dejamos que dé unas vueltas más junto con las pasas que verteremos en la cuba y extraemos a un recipiente previamente congelado para guardarlo en el congelador tapado hasta el momento del disfrute. Al día siguiente, sacamos la bola y decoramos al gusto con un chorrito de vino dulce por encima.

La pera

Poca gente diría que la pera es su fruta preferida. Puede que sea la menos potente del olimpo de las frutas, pero eso puede ser porque a veces la elegancia es un factor que pasa desapercibido en cuanto a sabor se refiere. Nuestro paladar puede buscar alimentos más fuertes y realzados, pero nosotras creemos firmemente que el gusto reside en la elegancia, que no es sino equilibrio, sin pretensiones. Lo estridente y lo artificial no es elegante, porque hay quien con poco sabe expresarse de la manera en que tiene que hacerlo. Así es la pera.

Probablemente, por este motivo, no es una fruta muy habitual en heladería, que ha pecado durante muchos años de artificio, de estridencia. En nuestra búsqueda de la elegancia, debíamos empezar por lo sencillo, comprenderlo, saborearlo y llevarlo con la punta de la lengua a tu imaginario. Descubrimos que la pera es la fruta que mejor expresa esa elegancia, pero también esa sencillez. A veces creemos que algo es sencillo porque no conlleva artilugios ni recargos, porque se muestra directamente, porque es honesto, comprensible. Pero no dejo de pensar que en realidad las cosas sencillas son cosas muy complejas que han llegado al final de su etapa y se muestran tal y como son. Puede que, en realidad, la sencillez sea el final de un largo proceso en el que el peral, la naturaleza y su clima han puesto todos sus esfuerzos.

La verdad es que me gusta ver los helados desde esta perspectiva. Son elaboraciones en apariencia sencillas, sin demasiadas complicaciones. Pero esconden un largo proceso. Desde la gestación de las cabras, sus partos y su lactancia, desde la semilla que se planta, las manos y las decisiones que toman las agricultoras, el tiempo y los temporales que han sobrevivido hasta llegar a ser fruto. Con todo ello, nosotras tenemos la suerte de poder hacer helados.

Las peras con las que elaboramos son de Javier, las cultiva en la cara sur de Gredos. Casi siempre están en su mejor momento en noviembre. Él las llama «peras de invierno» porque hay que dejarlas madurar. Resulta fundamental contemplar su evolución día a día. Sobre principios de diciembre están en su mejor momento: han desarrollado todo su dulzor, jugosidad y mucho sabor. Entender qué momentos son los adecuados y ser capaces de disfrutarlos es de lo mejor que tiene la vida. Así vemos nosotras la heladería. Llámanos románticas. Pero ¿qué sería la vida sin esta visión?

INGREDIENTES

450 g de leche de cabra de pastoreo, 180 g de nata, 180 g de azúcar de caña, 120 g de peras (si son variedad autóctona, mejor, y si no bastará con que sean de variedad conferencia o de agua ecológicas), 80 g de leche desnatada en polvo, 4 g de sal, 1 vaina de vainilla

ELABORACIÓN

Ponemos a calentar todos los ingredientes en una olla y llevamos a 72 °C. Cuando se haya alcanzado esta temperatura, retiramos a un baño maría inverso para que la mezcla se enfríe rápido. Cuando esté fría, reservamos en la nevera durante toda la noche.

Por la mañana, volvemos a emulsionar la mezcla para que se integre con ayuda de un brazo triturador (túrmix). La metemos en la cuba de la mantecadora (previamente atemperada) y esperamos a que la textura del helado se genere. Extraemos a un recipiente previamente congelado y lo guardamos tapado en el congelador hasta el momento del disfrute.

Mantequilla con flor de sal

Cuando llega el frío, el cuerpo va buscando platos más calóricos. La naturaleza es astuta, y su instinto ante las temperaturas bajas es el de guardar energía por si hubiera falta de alimento. Por eso, nuestro recetario de esta estación es más graso. Ahora bien, es importante saber que no cualquier grasa vale: la calidad es primordial.

La grasa de la leche es la nata, y suele ser escasa (por ejemplo, nuestras cabras están en un 4,7 por ciento de nata por litro de leche) y muy dependiente de la alimentación. Al alimentarse de pasto del monte, de ramas de árboles y matorrales, de frutos del campo, la materia grasa es por lo general bastante equilibrada y muy sana, pero está presente en menor porcentaje que si tuvieran una alimentación a base de piensos enriquecidos con proteínas de soja o de maíz. Por eso, la mantequilla debe ser vista como un lujo.

La mantequilla es ese 4,7 por ciento de nata batida y desuerada que se queda reducida a la mitad. Para producir un litro de nata se necesitan al menos 21 litros de leche. Y con un litro de nata podemos obtener unos 400 g de mantequilla. Imagina la cantidad de leche que hace falta para presentar este manjar, al menos 50 litros. Tiene un valor incalculable, es un esfuerzo de la naturaleza y de la elaboración quesera artesana, y no deja de sorprenderme ver tanta bollería a base de mantequilla. Nadie se pregunta cómo se consigue esa cantidad indecente de mantequilla que consumimos ni dónde están esas vacas de las que se extrae esa leche. Si la industria las enseñara, más de uno se replantearía este modelo de alimentación.

Domingo es un pastor de la sierra de Grazalema, en Cádiz, que tiene un rebaño de cabras murciano-granadinas, una raza conocida por su alta productividad lechera. Él es un pastor de aprovechamiento y, como antiguamente, no desperdicia ni una gota la leche. Por eso hace requesón (el aprovechamiento del suero de la leche) y mantequilla de suero de cabra (a partir de la poca grasa que queda de este mismo suero sobrante tras haber hecho queso). La mayoría de los pastores han abandonado esta costumbre, por el tiempo que conlleva y la baja rentabilidad. Pero, por suerte, aún podemos contar con locos como él y conseguir un poco de mantequilla de cabra para elaborar algunas bases de nuestros pasteles.

INGREDIENTES

620 g de leche de cabra de pastoreo, 180 g de azúcar, 100 g de nata, 80 g de leche en polvo, 20 g de mantequilla de cabra de pastoreo, 4 g de sal, 2 g de flor de sal para decorar

ELABORACIÓN

Pasteurizamos todos los ingredientes en una olla, excepto la flor de sal. En este helado se sustituye parte de la nata por mantequilla, pero en menor proporción para que no sea muy graso. Calentamos la mezcla hasta llegar a 72 °C, y retiramos del fuego, poniendo la olla en un baño maría inverso de frío para que baje con rapidez la temperatura. Dejamos reposar la mezcla toda la noche en la nevera.

Al día siguiente, encendemos la mantecadora para que se atempere y, mientras tanto, volvemos a emulsionar la mezcla para que se integre con ayuda de un brazo triturador (túrmix). Vertemos la mezcla en la cuba y mantecamos hasta generar la textura de helado deseada. Echamos la flor de sal y extraemos el helado a un recipiente congelado previamente, para guardarlo en el congelador y dejarlo reposar cubierto al menos durante una hora. Sugerencia de presentación: acompáñalo de la mermelada que más te guste, o incluso con una tostada de pan. También es posible hacer una versión de mantequilla tostada que queda espectacular. Bastará con tostar en una sartén la mantequilla antes de elaborar el helado, a fuego lento hasta que coja un color rubio y olor a caramelo. Después puedes añadir esta mantequilla tostada en la receta en vez de la mantequilla normal.

Pistachos de Toledo

¿Has notado el fervor que genera cualquier cosa que lleve pistacho? Este fruto seco, que por cierto es de la familia del mango, ha cautivado en repostería hasta el punto de que cualquier producto que lo incluya entre sus ingredientes suele agotarse. Por eso nosotras elegimos con sumo cuidado el momento del año en el que sacar nuestro helado de pistacho. Si lo tuviéramos siempre, muchas personas no probarían otras alternativas.

Queríamos hacer un helado de pistacho puro, de calidad excelente. Se habla tanto del de Bronte (los sicilianos tienen un gran poder narrativo para comercializar sus productos agrícolas, cosa que nos falta a nosotros); sin embargo, muy poca gente sabe que la mayor (y más exquisita) plantación de pistacho ecológico se da en Toledo. Es más, cuando fuimos a visitar a algunos agricultores de Villacañas y a la cooperativa de la zona, nos advirtieron que mucho del pistacho que se vende como italiano es en realidad español. Son ellos quienes lo venden a granel a Italia.

En Toledo se cultivan, entre otras, las variedades kerman, larnaca y sirora. A mí la que más me gusta es esta última. Solemos comprar el grano entero y lo molemos en nuestro micromolino de piedra, para que suelte toda su grasa y se genere una pasta untuosa y delicada. También tostamos y molemos una parte de lo que nos llega, para agregar un sutilísimo perfil tostado a su sabor. Con estas dos pastas, elaboramos nuestro helado de pistacho de Toledo.

Como sé que es difícil que tengas una conchadora o molino de piedra, te recomiendo que busques una pasta de pistacho natural de buena calidad. Normalmente, el precio suele ser garante de su sabor, y ojalá así lo sea. Elaborar con pistacho es costoso, pero da muy buenos resultados.

INGREDIENTES

620 g de leche de cabra de pastoreo, 140 g de azúcar, 70 g de pasta de pistacho crudo, 60 g de leche desnatada en polvo, 40 g de miel, 50 g de nata, 30 g de pasta de pistacho tostado, 4 g de sal

ELABORACIÓN

Calentamos en una olla todos los ingredientes, a excepción de la miel, hasta que lleguen a 72 °C. Cuando se haya alcanzado esa temperatura, la retiramos inmediatamente y la ponemos en un baño maría de frío para que esta baje. Tras enfriarse, incorporamos la miel para que no pierda sus propiedades, y guardamos todo en la nevera durante la noche.

Después del reposo, emulsionamos la mezcla con ayuda de un brazo batidor para que se integre de nuevo la nata que suele aparecer en la capa superior. Cuando la mantecadora esté en temperatura negativa, agregamos la mezcla a la cuba y esperamos a que se haga la magia. Una vez generada la textura deseada, podemos incorporar unas gotas de agua de azahar al gusto y dejar que dé unas cuatro o cinco vueltas.

Paramos la máquina y, con una espátula, sacamos el helado a un recipiente previamente congelado, que llevaremos al congelador para que se estabilice. En una hora, aproximadamente, ya lo podemos sacar de nuevo para degustarlo. Bastará añadirle unos cuantos pistachos por encima, y ¡a disfrutar!

Arroz con leche

El arroz con leche es un postre que me acompaña desde que tengo uso de razón. Mi abuela lo elabora con la misma receta que usaba su madre en Toledo, de donde también es típico, pues, aunque dicen que proviene de la cocina andalusí, se prepara en muchas regiones de la Península. Queríamos tener su receta en Campo a Través porque, junto con las torrijas, es un manjar en la familia y, además, a pesar de su aparente sencillez, es verdaderamente difícil conseguir un equilibrio entre textura, cremosidad, sabor y expresividad. Ella lo logra.

Tampoco es que queramos poner las expectativas por las nubes: simplemente te voy a contar todo lo que sé sobre el arroz con leche que nos ha enseñado a hacer mi abuela. El pasado noviembre pasamos un día muy bonito, porque vino a la heladería a explicarnos su receta, esta vez con leche de cabra (ella siempre lo había hecho con la de vaca) y nos volvió a confiar algunos de sus secretos. Yo creo que el mayor de todos es que es ella quien lo hace. Pero, bueno, hemos seguido sus pasos y la verdad es que queda espectacular.

Un buen consejo antes de empezar: ármate de paciencia, porque durante una hora larga no te puedes separar de la cazuela (mejor si es de cobre), removiendo constantemente para que el arroz vaya soltando su almidón y se vaya generando una crema de leche. La clave también está en la infusión previa de la leche con canela en rama, cáscara de limón y de naranja, y la proporción del arroz. Por cada 100 g de arroz necesitaremos un litro de leche.

Otro detalle imprescindible para lograr un buen arroz con leche es invertir en la calidad de los ingredientes. De la leche ya conoces nuestra historia, así que tiene sentido que ahora te hable del arroz, el cereal que más se consume a escala mundial (esa es la razón de que en tantas ocasiones tenga tan baja calidad, por el crecimiento rápido y a base de agroquímicos). En esta tesitura es donde se sitúa el proyecto Rietvell, una reserva de aves creada con el apoyo de la Sociedad Española de Ornitología, que, además de ser un oasis para muchas aves en peligro de extinción en el delta del Ebro, aprovecha estos cauces para hacer arrozales de cultivo ecológico que permiten perfectamente la convivencia animal con la alimentación humana y de calidad. Es un proyecto precioso y admirable, y al plantearnos incorporar en nuestra heladería la receta de arroz con leche de mi abuela, enseguida pensé que si la hacía tenía que ser con un proyecto de estas características.

INGREDIENTES
*1 l de leche cabra de pastoreo, 100 g de arroz,
100 g de azúcar de caña, 1 rama de canela,
3 pieles de limón, 1 piel de naranja,
1 chorrito de vino dulce*

ELABORACIÓN

Para que te quede un buen arroz con leche, aromático y sabroso, será fundamental hacer una infusión de la leche con la canela, el limón y la naranja. Para ello, ponemos a calentar a fuego bajo en una cazuela el litro de leche junto con estos aromáticos. Removemos de vez en cuando para que el fondo no se agarre y, cuando la leche empiece a humear y evaporarse, apagamos el fuego y dejamos reposar al menos media hora. Después, retiramos al menos un vaso de leche (unos 250 g) y lo reservamos para después. Volvemos a calentar la leche de la cazuela a fuego bajo e incorporamos el arroz, removiendo constantemente para que no se agarre y suelte el almidón. Pasados unos diez minutos removiendo, será el momento de incorporar el azúcar. Y, conforme la leche se vaya haciendo crema y coja espesor, añadimos también la leche del vaso que teníamos reservado y seguimos removiendo. A la media hora, más o menos, probaremos el sabor y el punto de cocción del arroz. Con ayuda de unas pinzas, retiramos las pieles de limón, naranja y la rama de canela.

En este punto, mi abuela echaba un chorrito de vino dulce o de coñac, en el que había remojado unas uvitas pasas, para que diera el toque final. Puedes incluirlo si quieres, y dejarlo cocer, removiendo otros cinco minutos más. Cuando el arroz esté blandito pero entero, hay que apagar el fuego. Es en este momento cuando se puede servir en raciones individuales, porque luego espesará un poquito más. Yo lo separo en vasitos o cazuelitas de barro y le pongo un poco de canela por encima.

Como más me gusta es reciente y templado, pero es inevitable guardar una porción en la nevera. Ahora bien, mi consejo es que, cuando lo saques para comerlo, lo dejes atemperar un poco, pues frío se queda más denso y con menos sabor.

Flan de leche de cabra

La familia de Mariluz proviene de dos pueblos del interior de Granada, Iznalloz y Montillana. Sus paisajes han ido creciendo a la sombra de los olivos y en la falda de las montañas. Aunque el paisaje granadino siempre me ha parecido una prolongación del Atlas marroquí, agreste y de secano, alberga un tesoro único: el agua y su mineralidad proveniente del deshielo de Sierra Nevada.

Esto lo hace especial porque, aunque está teñido por un dorado pajizo, permite cultivar y albergar una fauna y una flora exquisitas, perspicaces, terriblemente bellas. Así se dan los frutos con más semillas y dulzura que te puedas encontrar, como los higos, excepcionales, las granadas, en honor al nombre de su tierra, las uvas, los olivos o los almendros. Sus montes son un terreno inmenso para el pastoreo, típicamente caprino. La cabra tira al monte, dicen, pero yo añadiría que es el monte lo que hace a la cabra y la cabra lo que hace al monte. Es su animal por excelencia. Ninguna otra especie tiene la habilidad ni la complexión para adaptarse a este medio rocoso como las cabras. Por eso creo que los mejores quesos que dan están íntimamente ligados a su territorio por antonomasia: los horizontes alpinos.

De Iznalloz, el pueblo de su familia materna, se dice que albergaba un gran desarrollo de las vías pecuarias y que, antes de que el reino de la oliva se pagara mejor que el de la leche, estuvo muy ligado a la trashumancia. Algo similar ocurría en Montillana, el pueblo de su familia paterna y donde aún reside su abuela Pepa, algo más aislado y que se encuentra entre colinas cargadas de aceituna.

Cuando vamos a visitar a Pepa siempre nos cuenta, sentada alrededor de su mesa camilla cerca de la ventana, historias de la gente del pueblo, de tiempos pasados, de cómo ha ido cambiando la vida. Un día nos contó, para nuestra sorpresa, que su marido, Pedro, había sido pastor de cabras. Entonces Mariluz se emocionó, de algún lado le tenía que venir el interés. En efecto, Miguel, su abuelo, mucho antes de que naciera el padre de Mariluz, había tenido un rebaño de cabras que pastoreaba por estos montes y cuya leche vendía a los flanes Dhul, empresa situada en esta misma región. En aquella época no era tan raro ser pastor como lo es hoy en día, y era un trabajo digno y honorable.

Esa noticia no solo me pareció bonita, sino sorprendente por el hecho de que en esta región, aunque no se especificaba de manera directa en su comercialización, muchas de las elaboraciones lácteas se hicieran a base de la leche de cabra, tan típica en el sur de España. De esta manera, hacer flanes con leche de cabra en casa es recuperar un bocado de historia, es un homenaje a nuestro pasado. Nosotras hacemos el flan tradicional, porque llenarlo de artificios como el queso, la leche condensada o la nata nos parece que perjudica el equilibrio entre sabor, textura y ligereza que en realidad posee este plato.

INGREDIENTES

1 l de leche fresca de cabra de pastoreo, 250 g de azúcar, 6 huevos, 6 pieles de limón, 1 vaina de vainilla de aprovechamiento de otras recetas (es decir, solo la vaina, sin sus semillas)

ELABORACIÓN

Ponemos todos los ingredientes en un cazo y llevamos a 65 °C, para hacer una preinfusión. No es necesario que el huevo cuaje, ya lo hará en el horno. Una vez alcanzada la temperatura, retiramos el cazo del fuego y dejamos que infusione a temperatura ambiente, mientras preparamos el caramelo.

Cubrimos con una fina capa de azúcar la base interior de una sartén ancha y la calentamos a fuego medio-bajo. Cuando el azúcar comience a hacerse líquido, es preciso vigilar, pues en nada se empezará a poner rubio y a continuación moreno. En el punto de moreno del caramelo, apagamos y lo vertemos rápidamente, aún en caliente, en el fondo de cada molde de flan (puede ser de acero inoxidable o algún recipiente pequeño de barro o de vidrio).

Tras dejar que enfríe unos diez minutos, vertemos la mezcla elaborada previamente encima del caramelo y tapamos con papel film para llevar todos los moldes a la nevera, con el fin de que reposen al menos durante seis horas (lo ideal para que se les vayan las burbujas y conseguir un flan uniforme, sin aire en su interior, es que se queden al menos un día).

Al día siguiente, precalentamos el horno a 180 °C mientras preparamos en una bandeja o recipiente alto un baño maría de agua previamente caliente. Incorporamos los moldes, sin que el agua cubra la parte de arriba, y los metemos en el horno unos treinta minutos, hasta que veamos que el flan se ha cuajado. Entonces los sacamos del horno y del baño maría. Dejamos que atemperen y reservamos en la nevera de nuevo hasta el día siguiente o, al menos, unas seis horas.

Para desmoldarlos bastará la ayuda de una puntilla con la que bordear el interior de la flanera, apretando un poco en un lado para que deje pasar un poco de aire al fondo. Se pone boca abajo en un plato y, *voilà*, ya está hecho el milagro.

Papuecas de la abuela Pepa

Nada más rico ni más económico que los churros, un invento muy de nuestra tierra que le gusta a todo el mundo, literalmente, ya que se ha exportado a otros países donde se mueren por los churros y las porras con chocolate. La clave de su ingenio no tiene tanto que ver con la proporción de harina y agua que lleva la masa (que es fundamental) como con la del aceite en el que se fríen. Por eso, esta receta es muy típica del sur, donde siempre ha habido aprovisionamiento y abundancia de aceite de oliva.

Esta receta de nombre rimbombante no la encontraréis en ningún otro libro de cocina, pues proviene de la cultura popular granadina e, incluso allí, tampoco es tan conocida. Las papuecas las elabora Pepa, la abuela de Mariluz, que nació en un pueblo limítrofe entre Jaén y Granada. El suyo es un pueblo muy humilde, que ha crecido al abrigo de los olivos y con una economía sustentada por el aprovechamiento de la aceituna. Porque eso aquí no escasea. Y, a falta de pan, buenas son papuecas fritas en aceite de oliva del mismo pueblo. Fritas, además, al fuego, como antiguamente, pues lo de la vitrocerámica y la inducción es algo moderno.

Cuando conocí a Mariluz y me llevó por primera vez a ver a su abuela, en el desayuno me encontré con una bandeja enorme de papuecas y un platito de azúcar al lado. Tienen una forma monstruosa, pues no se hacen con molde, sino que se forman como la mano buenamente consiga moldearlas a partir de una masa muy muy líquida. Al echarlas al aceite, enseguida suflan y no se embeben de demasiado aceite, sino que quedan crujientes y esponjosas por dentro, nada grasientas. Son un manjar.

En Montillana hace mucho frío y las casas no disponen de radiadores; de toda la vida la gente se ha calentado con lumbre y con el brasero que hay debajo de las famosas mesas camillas. Las mesas camillas son mesas redondas provistas de un mantel muy gordo, tipo manta, bajo el que se esconde una lumbre que calienta las piernas. En Granada, sentarte a la mesa camilla ayuda a encontrar el calor interior y exterior, y tiene algo de placer entre el contraste del frío de fuera y el calorcito que dan la mesa camilla y las papuecas.

Para elaborarlas, necesitamos mezclar medio vaso de agua templada con el doble (y un poquito más) de harina, hasta conseguir una masa líquida pero maleable con los dedos. Lo difícil de esta receta es que, por mucho que le preguntemos a Pepa por cantidades, ella siempre dice que es a ojo, que la masa te lo va pidiendo. Después de mucho practicar, sabemos más o menos cantidades más precisas, pero la magia radica en que la masa te hable y que te guíes con tu propio tacto. Si no puedes coger la masa con las pinzas de tus dedos (aunque debe estar muy líquida), necesitará un pelín más de harina. Cuando creas que está, bastará añadir una pizca de sal y otra de levadura o de bicarbonato. Si prefieres rigurosidad, aunque esta receta nace de las manos y la intuición de la gente de pueblo, las cantidades son 200 ml de agua, 250 g de harina de repostería, una cucharadita de levadura o de bicarbonato y una pizca de sal.

Déjala reposar en la nevera, cubierta con film, durante una noche. Al día siguiente, calienta una sartén con aceite de oliva abundante a fuego alto (puedes hacerlo en vitrocerámica o inducción, que es lo más común) y, con ayuda de los dedos de tu mano previamente engrasados con aceite, coge un poquito de la masa, estira para generar una pequeña malla y déjala caer suavemente sobre el aceite caliente. Al contacto con el aceite, enseguida suflará. Dóralas al gusto, dándoles la vuelta de vez en cuando. La forma será irregular siempre, pues para hacerlas no hay más molde que el de tus propias manos.

A nosotras nos gusta acompañarlas con chocolate caliente (hecho con leche de cabra), muy sencillo de elaborar. Si quieres hacer medio litro (para dos personas, aproximadamente), necesitarás 390 g de leche, 30 g de cacao en polvo, 10 g de chocolate del 85 por ciento, 10 g de maicena y 120 g de azúcar moreno. Ponemos todos los ingredientes en un cazo y, sin parar de remover, esperamos que alcance unos 80 °C y espese un poquito. Entonces, en caliente, se sirve en tazas de cerámica para que guarde el calorcito. Mojar las papuecas aquí es una maravilla. Aunque lo más bonito de esta receta, sin duda alguna, es sentarse alrededor del brasero con Pepa contándonos historias de entonces.

Primavera

Las primeras violetas

«La primavera ha venido, nadie sabe cómo ha sido», escribía Machado. Coincido con este verso: la primavera tiene algo de sobrevenido, de inesperado. Todos los años se repite este ciclo, pero nunca es igual; aparece y desaparece a su antojo y vuelve locos a algunos árboles como el almendro o el cerezo. La recibimos con necesidad, con fascinación, con alegría. Algo en nosotros despierta del letargo del frío y nos hace activar todos nuestros sentidos. En heladería también abre una etapa de crecimiento y de frescura. Nos deshacemos de los sabores más profundos y densos, y nos abrimos paso entre las fragancias y los sabores más ligeros y seductores. Para mí, esta estación significa volver a surtirnos del campo, que se viste de un montón de flores y frutos suculentos para elaborar recetas con ellos. Así que aquí te invito a calzarte de nuevo las botas y dejarte embriagar por los paisajes que tengas a tu alrededor, ellos te irán guiando.

En San Lorenzo de El Escorial, en las faldas del monte Abantos y en las colindes de la sierra de Guadarrama, a unos 800 metros de altitud, la primavera empieza extraoficialmente cuando florecen las primeras violetas. Sus reguerillos se pueden seguir por los montes de robledales, pues bajo los pinos casi no crece ninguna flor. La verdad es que no siempre florecen en la misma época, pues son muy frágiles y se llevan bastante mal con el frío, pero cuando empiezan a estabilizarse un poco las horas de sol y entran temperaturas más moderadas, allá por marzo o abril, siempre llegan estas preciosas flores que toman su nombre de su propio color.

Se dice que no hay nada más madrileño que las violetas, por sus caramelos populares. Pero realmente hacer esencia de violetas es una labor tremendamente complicada y se requiere de una gran recolecta para elaborar su absoluto. Es muy probable que este haya sido el helado más difícil de desarrollar, pues durante mucho tiempo (varias primaveras) hemos estado recolectando flores y mezclándolas con leche, con destilados y con azúcar para tratar de que soltaran algo de su fragancia. Casi nunca dábamos con la tecla para preservar sus aromas. Lo mejor que conseguimos fue juntar en una bolsa al vacío las violetas junto con agua y azúcar, y dejarlas macerar para condensar su sabor. Lamentablemente, nos dimos cuenta de que la violeta posee muchos aromas volátiles que se pierden en el aire. Nos iba a ser muy complicado capturar ese aire en el helado y empezamos a preguntarnos qué podríamos hacer.

De repente, nos vino a la mente el propio proceso de elaboración de destilados. Consiste, simplemente, en hacer hervir esa agua en la que reposan las violetas y separar o condensar los vapores que se producen hasta generar una pequeña esencia de la misma. Nosotras nos hicimos con un pequeño alambique, que tenemos en la heladería y al que damos especial uso en primavera. Pero, en tu caso, aunque será difícil el proceso, puedes echar mano de alguna empresa de aceites esenciales naturales.

Otra de las cosas que nos faltaba para lograr este helado era su color. ¿Cómo podíamos hacer para que la mezcla nos quedara violeta? Era algo muy complicado pues, por mucho que triturara las flores, nunca dejaban suficiente color. Y es así como decidí recuperar unos arándanos que tenía deshidratados y que molí para darles ese color característico y que los hace tan atractivos.

INGREDIENTES
580 g de leche de cabra de pastoreo, 180 g de azúcar de caña, 160 g de nata, 60 g de leche desnatada en polvo, 20 flores de violetas, 10 g de arándanos deshidratados sin azúcar y molidos, 4 g de sal, 2 g de esencia de violeta natural

ELABORACIÓN
Pasteurizamos todos los ingredientes en una olla (excepto la esencia de violeta, que cuanto menos la trabajemos más conservará la intensidad de su fragancia). Al llegar a 72 °C, la retiramos del fuego y la ponemos en un baño maría inverso de frío para que baje la temperatura. Añadimos la esencia de violeta y dejamos reposar la mezcla toda la noche en la nevera.

Al día siguiente, volvemos a emulsionar la mezcla para que se integre con ayuda de un brazo triturador (túrmix). La vertemos en la cuba de la mantecadora (previamente refrigerada) y mantecamos hasta generar la textura de helado deseada. Antes de extraerlo, echamos en la cuba las flores de violeta y dejamos que dé un par de vueltas más. Esto generará una veta preciosa y llena de contrastes morados que, además, potenciará su sabor.

Extraemos en un recipiente previamente congelado, y lo ponemos rápidamente en el congelador (para que esté lo más frío posible y no haya choque térmico). Lo mantenemos ahí al menos durante una hora, cubierto para que no entren olores indeseados. Cuando lo vayas a degustar, decora con una flor de violeta por encima y déjate llevar por la fragancia singular de este helado que no tiene nada que ver con los siropes que encontrarás en la heladería industrial, sino que es un reflejo del auténtico sabor de la violeta.

Almendras en flor

El almendro es el árbol más optimista que existe, y por ello también el más delicado. Florece apenas cuando encuentra unos rayos de sol y unas temperaturas leves, allá por febrero. Pero si entra una helada después de echar la flor, esta se congelará y hará que los frutos no prosperen. Por eso, con los tiempos que corren de cambio climático, conseguir estabilizar una cosecha de este árbol tan bonito es casi un milagro. En San Lorenzo de El Escorial hay muchos almendros que tiñen de blanco y rosa el paisaje, es un espectáculo. Los japoneses lo saben bien y tienen la delicadeza de saber apreciar con festivales la *sakura*. A mí me parece una suerte que podamos disfrutarlo aquí, en pleno bosque de La Herrería.

Las flores de las almendras son muy perfumadas, recuerdan a la miel con un toque más fresco. Por su intensidad, casi podríamos estar hablando de un azahar. Cuando empiezan a florecer, cogemos unas cuantas flores, no muchas (no es necesario porque son muy intensas), para elaborar un helado de flores de almendras con fresas. Curiosamente, fresas y almendros son de la misma familia. De hecho, al morder la almendra cuando está verde y tierna, y no ha alcanzado gran tamaño, su acidez y su sabor recuerdan a los matices de la fresa, una cosa muy curiosa e inspiradora que ha hecho que busquemos la asociación de estos dos frutos que empiezan a darse a la par.

Este es un helado elegante, rosáceo por color y por familia de plantas. También comparte sabor con la flor del escaramujo, que aparece un poco más tarde que el almendro, pero que también aporta matices (en este caso, más hacia el perfume de la rosa) de igual valor culinario. Para un litro de helado necesitarás apenas tres o cuatro flores, por su potencia, así que no cojas lo que no necesites pues les estaremos robando los frutos al siguiente otoño.

INGREDIENTES

580 g de leche de cabra de pastoreo, 180 g de azúcar, 160 g de nata, 80 g de leche desnatada en polvo, 3 flores de almendro, 4 g de sal

ELABORACIÓN

Necesitaremos tener las flores limpias y secas, para ello habrá que lavarlas previamente con agua fría y secarlas a conciencia con papel de cocina. Calentamos todos los ingredientes en una olla, hasta llegar a 72 °C. La retiramos del fuego, poniéndola en un baño maría inverso de frío para que baje rápidamente la temperatura. Probamos la mezcla para comprobar su punto de intensidad floral: si parece muy aromático, se pueden sacar las flores en este momento; en caso contrario, las dejamos reposar dentro de la mezcla toda la noche en la nevera.

Al día siguiente, colamos la mezcla para extraer las flores y volvemos a emulsionarla para que se integre con ayuda de un brazo triturador (túrmix). Vertemos la mezcla en la cuba de la mantecadora (previamente atemperada) y la dejamos trabajar hasta generar la textura de helado deseada. Vertemos el resultado en un recipiente recién sacado del congelador, a donde regresará inmediatamente durante al menos una hora, cubierto para que no entren olores indeseados. En el momento de degustarlo, podemos acompañarlo con unas cuantas fresas o simplemente dejarnos llevar por el aroma floral y la fragancia del helado.

Laban con ras al hanout y azahar

La viveza del paisaje andaluz en primavera se comprende mejor gracias a sus olores. Si hay uno característico es el de la flor del naranjo, el azahar. Cuando bajamos a Granada por esta época, respirar este ambiente ya te conduce a otro espíritu, jovial, fresco, pero también profundo y exótico. Los naranjos plantados en las calles exhiben sus flores blancas y su fragancia de una manera portentosa, sin timidez, con elegancia. Su blanco reluce como el de las fachadas de las casas y su espíritu entusiasta te inunda en cuanto pones un pie en la región. Es cierto que tengo una pasión predilecta por Granada, la tierra de Mariluz. Es una atracción misteriosa, pues no provengo de familia andaluza, pero sí hay algo profundo con lo que conecto y que me cuesta describir con palabras. Es probable que a través del azahar las encuentre, como metáfora y representante de algo que inunda y emociona. «Blanco enigma de la felicidad», decía Lorca.

Para mí los helados también son paisajes. Los míos casi siempre evocan la sierra de Guadarrama, pues es donde vivimos, un territorio que me es fácil trasladar a las recetas. Pero también me gusta hacerme eco de otras vivencias y horizontes que nos acompañan. El de Granada está siempre en segundo plano, siempre presente..., y creo que este helado plasma el esplendor de esta ciudad en primavera. Nos encanta pasear por el centro y siempre que vamos solemos subir a alguno de los miradores del Albaicín para contemplar la Alhambra encuadrada en el marco y la falda de Sierra Nevada. Si hiciera una instantánea de este paisaje, podrían pasar desapercibidos el perfume de los naranjos, el calor del sol que templa el aire que baja de la sierra y el canto de los mirlos y las golondrinas, que de vez en cuando se ve superado incluso por los acordes de una guitarra flamenca y el quejío de algún gitano. Todo aquí es inintencionadamente poético. Y lo es de una forma natural. Eso es algo que me fascina, cómo hay cosas que en su sencillez encuentran el equilibrio, resplandecen y te hacen sentir casi como en una ensoñación. Es cierto que, al no vivir en Granada, siempre que vamos es para disfrutarla con todo el ánimo de alguien que viaja para empaparse el alma.

INGREDIENTES

440 g de laban *de cabra o yogur de cabra de pastoreo, 180 g de azúcar de caña, 160 g de nata, 140 g de leche de cabra de pastoreo, 60 g de leche desnatada en polvo, 5 g de flores de naranjo, 4 ml de agua de azahar, 4 g de sal, 1 g de* ras al hanout

ELABORACIÓN

Pasteurizamos todos los ingredientes en una olla, excepto el agua de azahar y el *laban*, hasta llegar a 72 °C y retirando rápidamente del fuego para poner la olla en un baño maría inverso de frío. Añadimos el *laban* (o yogur) y el azahar, y dejamos reposar la mezcla toda la noche en la nevera.

Al día siguiente, volvemos a emulsionar la mezcla para que se integre con ayuda de un brazo triturador (túrmix). Vertemos la mezcla en la cuba de la mantecadora (previamente refrigerada) y mantecamos hasta generar la textura de helado deseada. Antes de extraerlo, echamos en la cuba algunas flores frescas de naranjos limpias y troceadas, y dejamos que dé un par de vueltas más. Extraemos a un recipiente que viene del congelador y regresará inmediatamente a él (el objetivo es que esté lo más frío posible y no haya choque térmico al extraer el helado). Se quedará ahí al menos durante una hora, cubierto para que no entren olores indeseados. Cuando lo vayas a degustar, decora con una flor de naranjo por encima y déjate llevar por la fragancia singular de este helado que ojalá te transporte a algún lugar mágico, como me ocurre a mí.

Torrijas de la abuela Cani

Las torrijas son un manjar del cielo, quien las ha probado lo sabe. Pero no vale cualquier torrija, tiene que estar hecha con mimo porque, aunque es un postre sencillo, si no se hace con tiempo y cariño (ya te habrás dado cuenta de que el tiempo y el cariño son el secreto de gran parte de nuestra repostería tradicional, donde los ingredientes no son especialmente reseñables, no llevan cacao ni vainillas exóticas, sino que parten de dos alimentos básicos: pan y leche), no queda igual. Sinceramente, por nada del mundo cambiaría una torrija por un *coulant*.

El pilar de esta receta es el aprovechamiento. Además, por mucho que digan, las torrijas deben hacerse con pan duro. Lo del brioche o el pan de molde es otra historia, también afrancesada. La explicación de por qué la torrija va embebida en leche es sencilla: de alguna manera debemos reblandecer el pan que se ha quedado seco, volver a darle vida, para que vuelva a ser mirado con gusto. Pero no hay que dejar de prestarle atención a la leche. Ya sabemos que la mejor que se puede es la que está recién ordeñada, pero si no dispones de ella, intenta que sea, al menos, leche fresca entera. A esta receta no hace falta agregarle ni nata ni mantequilla, eso son lujos que sobran. Ya verás que el resultado es igualmente meloso, profundo y sabroso. Ah, también es importante el tiempo, ya que la leche necesita infusionar al menos durante una hora con el toque de cítricos y canela que le quieras dar, así cogerá aroma a hogar.

Ya te he hablado de mi abuela Cani, o Encarnación, que es la base de nuestra sabiduría, manejo y fuente de inspiración. No exagero si digo que hace las mejores torrijas del mundo. ¿El secreto? Sus manos. Aunque he replicado muchas veces su receta, cuando las hace ella siempre tienen un sabor diferente. Probablemente esta sea, junto con las papuecas de la abuela Pepa, la receta mejor custodiada del libro.

Se dice que no se sabe bien el origen de este postre, pero lo que es seguro es que está ligado a la Semana Santa porque en este periodo de ayuno de carne, ante la necesidad de energía para trabajar el campo, se necesitaban alimentos contundentes. Y fruto del aprovechamiento del pan debió de surgir este pecado del cielo. Así que, cuando empieza la Semana Santa, esperar a que lleguen las torrijas de mi abuela endulzadas con miel y vino es un ritual de nuestra familia.

INGREDIENTES
1 barra de pan duro, 1 naranja, 1 limón,
2 ramas de canela, 100 g de miel, 100 g de azúcar,
1 l de leche de cabra de pastoreo, 1 huevo,
1 vaso de vino dulce, aceite de oliva para freír

ELABORACIÓN

Cortamos la barra de pan en rebanadas transversales para que salgan más largas, de al menos cuatro o cinco centímetros de grosor (dos dedos) y las disponemos en una bandeja amplia y con altura. Calentamos la leche con el azúcar, las ramas de canela y la piel de medio limón y de media naranja. Infusionamos a unos 65 °C durante al menos media hora. Apagamos el fuego y dejamos reposar otra media hora. Después vertemos esta leche sobre las rebanadas de pan que habremos dispuesto en una bandeja. Es importante que todas queden bien cubiertas, pero también que vayan absorbiendo poco a poco sin llegar a encharcarse, pues ellas nos irán pidiendo más leche hasta que veamos que ya no absorben más. En este punto, estarán muy tiernas y frágiles. Ponemos a calentar en una sartén amplia el aceite de oliva y preparamos un bol con un huevo batido sobre el que remojaremos la torrija antes de freír, como si de un filete empanado se tratara. Cuando el aceite esté caliente, pasamos la torrija por el huevo y la freímos por cada una de sus caras hasta que se haya dorado un poco y la sacamos a una bandeja dispuesta con papel de cocina absorbente. Cuando las tengamos todas fritas es hora de bañarlas, o bien en azúcar y canela, o bien en almíbar, que es como las hace mi abuela.

Para preparar el almíbar necesitaremos poner en un cazo el vino dulce junto con la miel, otra rama de canela y las otras mitades de la piel de la naranja y del limón. Sin que llegue a hervir, las calentamos hasta que se integren y ganen un poco de consistencia de almíbar. Después podemos bañar nuestras torrijas ya fritas en este almíbar o disponerlo al gusto desde una jarrita. Aquí todas las fragancias estarán concentradas y les darán más potencia y profundidad. Antes no lo hacíamos pues las torrijas es un postre que se disfruta por sí solo, pero ahora prefiero siempre acompañarlas de una bolita de helado. Primero templo la torrija un poquito para que esté calentita y luego dispongo una bolita de helado (a mí me gusta mucho el de clavo de olor o de yogur) al lado para generar un contraste térmico que te hará querer comer más y más.

Miel y polen

Comprender los procesos naturales es algo que me fascina. Nada es tan simple como parece. Todos los frutos son el esfuerzo último que hace la naturaleza para volver a generar un nuevo ciclo, un nuevo año, una nueva estación. Todo tiene un por qué en esta gran biodiversidad que es el mundo y, si algo falta, van cayendo las demás fichas que hay a su alrededor.

Las abejas son uno de estos grandes pilares; sin ellas la mayoría de la polinización vagaría a su suerte. Debemos agradecerles el esfuerzo que hacen sin descanso por seguir ayudando a procrear. Es por eso que, en cuanto a la fruta se refiere, todo empieza aquí, todo comienza con el viaje de las abejas. Podría decirse incluso que el primer sabor de la fruta es el polen. Al menos, es indispensable para el mantenimiento de la vida sobre la tierra.

Cuando llega la primavera, el campo empieza a soltar sus perfumes y sus galas para atraer a estos insectos que trasladarán en el pelaje de su cuerpo y en sus patas traseras el polen de una flor a otra, favoreciendo el desarrollo de sus frutos. Este polen también viajará hasta las colmenas para producir a base de su néctar la maravillosa miel que las alimentará durante el invierno. Con cada flor, la abeja podría elaborar un tipo de miel, y es por eso que, en ambientes muy específicos de bosques, cultivos de flores o de frutales, se pueden dar mieles específicas como la de brezo, azahar o romero. Sin embargo, lo más común es que este polen esté mezclado y que genere la conocida miel de mil flores, del conjunto del paisaje de un territorio.

Tenemos la suerte de tener varios amigos apicultores que nos han enseñado el fascinante proceso de elaboración de la miel. Mario, que vive aquí en el pueblo, es uno de ellos. Fue él quien nos regaló un bote de polen fresco para que lo probáramos. Si os soy sincera, hasta la fecha no me había interesado por este producto, pero cuando lo probé me pareció fascinante y no entendí por qué no lo consumimos más. Son como pequeñas bolitas de cereal con un dulzor y un perfume intensísimo, que se producen en medio de la naturaleza y que están cargadas de probióticos naturales. Además, tienen colores divertidos: como un arcoíris, te puedes encontrar bolitas de todos los colores. Es así como la primavera pasada quisimos darle protagonismo al polen y elaboramos un helado a base de polen y endulzado con miel.

INGREDIENTES

380 g de leche de cabra de pastoreo, 200 g de yogur, 180 g de nata, 160 g de miel, 80 g de leche desnatada en polvo, 5 g de polen fresco, 4 g de sal

ELABORACIÓN

Lo más importante en esta receta es que consigas una miel de la zona, de un apicultor artesano que no la pasteurice y que también te venda o te regale un poco de polen fresco.

Para hacer el helado, calentaremos todos los ingredientes en una olla (excepto el yogur, la miel y el polen, que añadiremos en frío) hasta llegar a 72 °C. La retiramos del fuego y la ponemos en un baño maría inverso de frío para que baje su temperatura. Entonces, añadimos el yogur y la miel y dejamos reposar la mezcla toda la noche en la nevera.

Al día siguiente, emulsionamos la mezcla para que se integre con ayuda de un brazo triturador (túrmix). Vertemos la mezcla en la cuba de la mantecadora (previamente refrigerada) y mantecamos hasta generar la textura de helado deseada. Añadimos a la cuba unos 5 g de bolitas de polen fresco por cada litro de helado. Le darán un aspecto especial. Lo vertemos en un recipiente congelado, que regresará rápidamente al congelador. El objetivo es que esté siempre lo más frío posible y no haya choque térmico durante el traslado. Dejamos reposar la mezcla helada en el congelador al menos una hora, cubierta para que no entren olores indeseados. Cuando lo vayas a degustar, echa con hilo fino un poco más de miel o unas bolitas de polen, y a disfrutar del trabajo conjunto que hacen en este helado las cabras y las abejas.

Jara pringosa

Estamos en la época por excelencia de las flores. Tomillos, romeros, cantuesos, siemprevivas, abrótanos, hinojos, alcaraveas, amapolas, cardos... En la sierra de Guadarrama, las llanuras y las faldas de los árboles se visten con un manto de colores y olores sensacional. Es una época que disfrutamos con especial entusiasmo, aunque el ambiente polinizador nos sobrecargue con algo de astenia primaveral. Especialmente en esta estación me gusta ir probando plantas del campo para ver y apreciar sus matices. En mi bolsillo siempre tengo una navajita y una bolsita, por si me quiero llevar algo a casa. Pues bien, en esta estación siempre vuelvo cargada de flores para decorar ensaladas o helados y de corujas o berros para comer. Me encanta surtirme del campo. Sin embargo, no siempre es tan fácil saber dónde hay alimento. Es el caso de la receta que te traigo.

Puede que las jaras pringosas sean el arbusto más común en este monte. Se llaman así porque sus hojas poseen una resina que pringa a su tacto. Crecen salvaje y descontroladamente porque aquí han encontrado su hábitat predilecto, por mucho que esto pueda constituir un importante riesgo de incendios. Por otro lado, son el alimento favorito de las cabras. Cuando las pastoreamos, me fascina verlas caminar directo a las jaras para buscar sus flores, sus hojas o sus ripiones, que son el fruto que dará la flor en otoño. Por eso se dice que las cabras son unas excelentes bomberas: allí donde la vaca y la oveja suelen comer solo pasto fresco y verde del suelo, las cabras comen de todo, son todoterrenos. De hecho, existen planes de prevención de incendios (incentivados por los guardas forestales) que ayudan económicamente a los pastores con tal de que sigan pastoreando por las veredas y montes, para que luego en verano no haya tantos mantos de arbustos proclives a incendiarse. Como debería ser. La pena es que queden tan pocos pastores y que, encima, cada vez haya más incendios debido al cambio climático.

El caso es que, de tanto observar a las cabras deleitarse con las jaras, empecé a interesarme por esta planta que tiene, además, la flor más bonita de la primavera. Blanca, amarilla y púrpura, de un tamaño considerablemente grande y muy seductora también para las abejas. El sabor de la planta es marcadamente dulce, como de miel, pero ligeramente mentolado. Posee una resina sobre sus hojas que, extraída, tiene mucho aroma y puede ser un gran saborizante, sobre todo en pastelería. Pero, sin duda, lo más fascinante son sus grandes flores que tiñen el paisaje de blanco, como si estuviera levemente nevado, y lo convierten en un espectáculo que nada tiene que envidiar al del florecimiento de los almendros o cerezos. Así que me decidí a hacer un helado de jara pringosa. Para entender su composición, me serví de varias de sus partes, como las hojas infusionadas en agua y azúcar y reducidas para extraer su jarabe, o las flores en infusión, incluso incluí algunos ripiones molidos del otoño, con los que hice una especie de harina.

INGREDIENTES

*580 g de leche de cabra de pastoreo,
180 g de azúcar de caña, 140 g de nata,
80 g de leche desnatada en polvo, 20 g de queso
semicurado, 6 flores de jara, 4 g de sal*

ELABORACIÓN

Para hacer una miel de la resina de las hojas de la jara pringosa necesitaremos bastantes hojas, que recolectaremos con ayuda de una bolsa y unos guantes para no mancharnos. Con esas hojas haremos una proporción de agua y de azúcar a partes iguales (es decir, si son 100 g de hojas, pues 100 ml de agua y 100 g de azúcar) que pondremos en una cazuela a fuego lento hasta que se evapore el agua y se quede un sirope con textura de melaza.

Para el helado, pasteurizamos el resto de los ingredientes (a excepción de la miel que hemos hecho) en una olla. El queso semicurado lo añadimos para darle un perfil más complejo a la elaboración. Una vez que se hayan alcanzado los 72 °C, retiramos la olla del fuego y la ponemos en un baño maría inverso de frío para que baje la temperatura. Dejamos reposar la mezcla toda la noche en la nevera.

Al día siguiente, colamos la mezcla para extraer las flores y la emulsionamos para que se integre con ayuda de un brazo triturador (túrmix). Vertemos la mezcla en la cuba de la mantecadora (previamente refrigerada) y mantecamos hasta generar la textura de helado deseada. Extraemos a un recipiente congelado, que regresará rápidamente al congelador. El objetivo es que esté siempre lo más frío posible y no haya choque térmico durante el traslado. Dejamos reposar al menos una hora, cubierto para que no entren olores indeseados. Cuando lo vayas a degustar, echa el jarabe de jara que has elaborado y déjate llevar por la singularidad de este paisaje hecho helado.

Siempreviva

Mariluz y yo tenemos dos perritas. Nos encanta disfrutar con ellas del monte y muchas veces son ellas las que nos sacan de casa y nos ayudan a despejar nuestra mente a través del paisaje. Tener un perro, sobre todo en plena naturaleza, te enseña a caminar por sitios por los que nunca irías. Te descubre otro universo. Y el universo de los perros es el de los olores. Nuestras perras no son de caza, pero están acostumbradas a seguir rastros. Así que, aunque vayamos muy a menudo por senderos marcados, nos desvían entre matorrales para descubrir una madriguera, un rastro de zorro o de ciervo, el lugar donde han comido los jabalís o donde ha dormido un gato.

En primavera, cuando la naturaleza expresa toda su energía floral y atractiva, y cuando Frida y Trufa se desvían campo a través, se nos despiertan un montón de olores de plantas que van rozando a su paso como las lavandas, los tomillos, los romeros, y otras más inusuales como las manzanillas, los abrótanos o lo que en muchos sitios se conoce como el curri-romero.

El curri-romero es la siempreviva, una planta cuyas hojas y estructura se asemejan a la del romero, con una flor amarilla que tiene un perfume increíblemente parecido al curri, aunque algo más anisado y herbáceo. Descubrimos esta planta por su intensidad de olor en estos paseos y supe que tenía que elaborar alguna base con ella. El problema de ingredientes tan arriesgados como este, con un sabor tan marcado y tanta personalidad, es que tienes que elegir bien sus compañeros y modular su intensidad. Es entonces cuando me vino a la mente que en esta época del año ya estamos disfrutando de las últimas naranjas de la temporada, que son especialmente dulces. En general, naranja y curri funcionan juntos, así que el helado solo fue una comprobación más, aunque esto no sea un curri habitual o Madrás, es el aroma que nos da la siempreviva, que en el fondo no deja de ser una mezcla de olores muy compleja y exótica.

INGREDIENTES
*400 g de yogur de cabra de pastoreo,
180 g de azúcar de caña, 160 g de nata, 140 g de
leche de cabra de pastoreo, 80 g de leche desnatada
en polvo, 40 g de zumo de naranja,
4 g de sal, 1 siempreviva, ralladura
de una naranja*

ELABORACIÓN

Las flores de siempreviva molidas nos ayudarán a dar un toque de color a la base, pero, si prefieres ser prudente, bastará con una flor. Pasteurizamos todos los ingredientes en una olla, excepto el zumo de naranja y el yogur. Una vez que haya alcanzado los 72 °C, la retiramos del fuego y la ponemos en un baño maría inverso de frío para que baje la temperatura. Cuando la mezcla esté fría, añadimos el yogur y la dejamos reposar toda la noche en la nevera.

Al día siguiente, rallamos una naranja sobre la mezcla y con la pulpa hacemos un zumo que colaremos hasta llegar a la cantidad necesaria. Volvemos a emulsionar todo, para que se integre con ayuda de un brazo triturador (túrmix), y vertemos la mezcla en la cuba de la mantecadora (que previamente se habrá refrigerado). Mantecamos hasta generar la textura de helado deseada.

Extraemos en un recipiente previamente congelado, y lo ponemos rápidamente en el congelador (para que esté lo más frío posible y no haya choque térmico). Lo dejamos ahí al menos durante una hora, cubierto para que no entren olores indeseados. Cuando lo vayas a degustar, echa un poco más de polvo molido de siempreviva y déjate llevar por este paisaje exótico, complejo y lleno de sabor y frescor.

Las flores del saúco

La primavera va de flores y fragancias. El campo se engalana con sus mejores perfumes para que los polinizadores se acerquen y ayuden con la transmisión de las semillas. Junto con las rosas y el almendro, hay otro rey del perfume en esta época y en este paisaje: el saúco, un árbol que crece en muchos lugares de la Península y que durante el resto de las estaciones suele pasar desapercibido, pero que reluce exuberante lleno de unas flores preciosas a partir del mes de abril.

Las flores del saúco son pequeñitas, blancas y con mucha fragancia amielada. Su sabor también es así. Además, es un excelente antivírico y ayuda a fortalecer las defensas, por lo que en muchas culturas se usa en infusión como tratamiento preventivo. Hay también quien hace destilados y fermentos directamente de la flor, como, por ejemplo, los espumosos de saúco.

A mí me encanta ir con las perras a recoger sus flores. Las abejas y nosotras nos repartimos este lujo de la naturaleza y llenamos nuestras cestas de esos tesoros que nos llevamos a la heladería. Allí las ponemos en un baño de agua helada, para quitar el posible polvo y los inquilinos que puedan tener, y seleccionamos una a una las flores que acompañarán nuestro helado.

En mi opinión, esta flor, que tiene un marcado carácter dulce y floral, combina genial con el limón, que también coincide en esta época con mucha expresividad. Por eso, esta es la joya de nuestra carta al inicio de la primavera, y se ha convertido en nuestro helado más vendido.

INGREDIENTES
*450 g de leche de cabra de pastoreo,
180 g de nata, 180 g de azúcar de caña,
100 g de zumo de limón, 80 g de leche
desnatada en polvo, 10 g de flores de saúco,
4 g de sal*

ELABORACIÓN

Reservamos los limones y las flores de saúco (las pondremos en un baño frío de agua). Pasteurizamos el resto de los ingredientes en una olla. Cuando llegue a 72 °C, la retiramos del fuego para ponerla en un baño maría inverso de frío y que baje la temperatura. Dejamos reposar la mezcla toda la noche en la nevera.

Al día siguiente, hacemos el zumo de limón (que colaremos, hasta tener la cantidad necesaria) y, sin incorporarlo, volveremos a emulsionar la mezcla para que se integre con ayuda de un brazo triturador (túrmix). La vertemos en la cuba de la mantecadora (previamente refrigerada) y permitimos que enfríe ligeramente, con cinco o seis vueltas bastará. Ahí añadimos el zumo de limón y mantecamos hasta generar la textura de helado deseada. Antes de extraerlo, echamos en la cuba unos 10 g de flores de saúco limpias y secas por cada litro de mezcla y dejamos que dé un par de vueltas, pero no más. Esto generará un aspecto precioso que potenciará su sabor.

Extraemos a un recipiente congelado previamente, para que esté lo más frío posible y no haya choque térmico. Lo hacemos reposar en el congelador al menos durante una hora, cubierto para que no entren olores indeseados. Cuando lo vayas a degustar, decora con alguna flor de saúco más por encima, y a disfrutar de esta explosión de acidez y aroma floral.

Fresas, remolacha y albahaca

En mi casa siempre ha habido plantados fresales, porque es una planta muy agradecida que crece estupendamente en tiestos. Recuerdo que en el año de la pandemia, cuando estaba haciendo las primeras pruebas de helado con leche de cabra, pude cosechar algunas fresas para elaborar uno de los productos más emblemáticos en la cultura heladera. Ojo, porque también es uno de los más difíciles, pues el equilibrio entre fresas y leche debe ser idóneo: si la fresa está muy aguada, es muy probable que al helado le falte sabor. Eso no pasaba con nuestras fresitas de balcón, que eran pequeñitas pero tenían mucha intensidad.

Más tarde supe que el cultivo de la fresa es uno de los más sufridos, pues la recolecta, a ras de suelo, resulta tediosa. Poca gente está dispuesta a entregarse a esta labor porque, además, las fresas de cultivo convencional suelen llevar muchos pesticidas y un exceso de riego que les otorgan belleza (en detrimento de una calidad real). Por no hablar del riesgo químico que sufren los terrenos y, consecuentemente, los animales que habitamos sobre ellos. Por eso, más que en ninguna otra fruta, es importante plantar tus propios fresales o adquirir siempre fresas de cultivo ecológico.

Las fresas son el fruto fetiche de la heladería. Ninguna otra fruta ha logrado convertirse en tan buena acompañante para los lácteos. Pensemos en las fresas con nata, con yogur o con leche condensada. Son combinaciones sencillas, de apenas dos ingredientes, pero que casan a la perfección. Al provenir de la familia de las rosáceas, son superperfumadas (quizá no olfativamente, pero sí gustativamente), carecen prácticamente de dulzor y destacan por ser ácidas, chispeantes y muy jugosas. En mi caso, que hemos tenido muchos fresales en casa a los cuales hay que dar cariño y mantener, sobre todo aireando la tierra y quitando las hojas que se van secando, también están muy asociadas al olor a tierra húmeda pues, según vas trabajando la tierra, también vas cogiendo, con las manos manchadas, algún fruto para saciar el apetito.

El helado que propongo nace, precisamente, de esta mezcla de sensaciones, ya que fresa, remolacha y albahaca son los sabores y olores presentes siempre en nuestra terraza. Se me ocurrió esta mezcla porque la fresa, que en sí misma está superrica, se queda de un color rosa pálido al elaborarla con leche y es difícil conseguir un equilibrio de textura y sabor en el helado. Al pensar en cómo mejorar su aspecto, me vino a la mente la remolacha, que, además de darle color, aportaría un sabor terroso y húmedo que complementa perfectamente la parte que le falta a la fresa. Además, me faltaba algo de frescor aromático y eché mano de mis vivencias recolectando fresas, ya que también tenemos albahacas y tomillos que sueltan su fragancia en nuestra terraza. La albahaca resulta ser una gran compañera de estos dos ingredientes, así que juntos componen un trío que es el sabor más esperado todos los años.

INGREDIENTES

400 g de leche de cabra de pastoreo,
190 g de nata, 180 g de azúcar de caña,
150 g de fresas, 70 g de leche desnatada en polvo,
10 g de remolacha, 4 g de sal,
3 g de albahaca

ELABORACIÓN

Pasteurizamos todos los ingredientes, a excepción de la albahaca, en una olla. Nos será más fácil integrar la remolacha si previamente la rallamos en crudo con un rallador fino. Cuando la mezcla llegue a los 72 °C, la retiramos del fuego y ponemos la olla en un baño maría inverso de frío para que baje la temperatura. A continuación, dejamos reposar la mezcla toda la noche en la nevera.

Al día siguiente volvemos a emulsionar la mezcla para que se integre con ayuda de un brazo triturador (túrmix). Vertemos la mezcla en la cuba de la mantecadora (previamente enfriada) y mantecamos hasta generar la textura de helado deseada. Antes de extraerlo, echamos en la cuba la albahaca picada bien finita con un cuchillo. Esto generará un contraste de color que además potenciará su sabor y lo hará mucho más fresco. Extraemos el helado a un recipiente recién sacado del congelador, a donde regresará para reposar al menos durante una hora, cubierto para que no entren olores indeseados. Sugerencia de decoración: complementa con algunas fresitas más, una hoja de albahaca o incluso una mermelada de fresa por encima. Disfruta este helado que a mí me parece sensacional, pues, aunque las fresas son la fruta más demandada todo el año, hay que comerlas en su estación: la primavera.

Cerezas del Jerte

Hay tres frutos que coinciden en el tiempo y que son el ocaso de la primavera y el preludio del verano. Hablo de cerezas, albaricoques y brevas. Cuando se inaugura esta temporada, casi siempre coincidente con la apertura de las piscinas, eso significa que el calor del verano está a la vuelta de la esquina. Por eso, cuando Eva y Silvano, en el Valle del Jerte, o Javier, en Ávila, nos avisan de que ya tienen las primeras cerezas disponibles, es motivo de alegría y empieza la marcha. Ahora bien, los cerezos son los árboles que más están sufriendo el cambio climático en España: las últimas cosechas han sido muy malas debido al frío tardío, la ausencia o el exceso de lluvia y algunos granizos inesperados, por lo que disfrutar de un buen año de esta fruta es, cada vez más, un milagro.

Las cerezas me gustan especialmente porque me recuerdan a los atracones que me daba en casa de mis abuelos. Cuando están buenas, no puedes parar. Creo que es algo que también tiene que ver con su tamaño. Desde hace tiempo vengo pensando que el bocado perfecto es aquel que te inunda la boca de jugos, de sabores, de texturas, de emociones. Y las cerezas cumplen todos esos requisitos. Sin embargo, son una de las frutas que peor se llevan con la elaboración del helado pues en contacto con la leche pierden su sabor y esencia. No importa, pues, como nos encantan, nos lo tomamos como un reto: queríamos tener un helado de cerezas en temporada, que también pusiera en valor el trabajo de nuestros agricultores y se pudiera manifestar así este paisaje y fruto tan exuberante y delicado.

INGREDIENTES

490 g de leche de cabra de pastoreo, 170 g de nata, 140 g de cerezas maceradas, 140 g de azúcar de caña, 60 g de leche desnatada en polvo, 4 g de sal

ELABORACIÓN

Para las cerezas maceradas necesitaremos al menos tres días de paciencia y cariño. Las lavamos, las abrimos a la mitad sin quitar la semilla y las ponemos en un recipiente o bolsa de vacío. Las pesamos y agregamos un 30 por ciento de ese peso de azúcar (es decir, 300 g de azúcar por cada kilo de cerezas). Cerramos el recipiente o extraemos el aire de la bolsa al vacío y dejamos al menos tres días en la nevera. Cuanto más tiempo transcurra, mejor estarán. De hecho, a mí me gusta guardar una parte hasta el otoño.

Pasado ese tiempo, abrimos de nuevo el recipiente y veremos que las cerezas han soltado su jugo, el azúcar se ha integrado y se han potenciado su aroma y su sabor. Es entonces cuando quitamos la semilla central, que también habrá ayudado a aromatizar la mezcla, y la trituramos hasta generar una consistencia de *coulis* o de mermelada.

Para hacer el helado pasteurizamos todos los ingredientes en una olla. Es decir, los calentamos hasta llegar a 72 °C.

Luego la retiramos del fuego poniéndola en un baño maría inverso de frío para que baje la temperatura. Cuando esté fría, dejamos reposar la mezcla toda la noche en la nevera.

Al día siguiente volvemos a emulsionarla, para que se integre con ayuda de un brazo triturador (túrmix). La vertemos en la cuba de la mantecadora (previamente refrigerada) y mantecamos hasta generar la textura de helado deseada. Antes de extraerlo, echamos más cerezas maceradas trituradas y dejamos que dé un par de vueltas más. Esto generará una bonita veta, llena de contraste burdeos, que potenciará su sabor. Guardamos en el congelador en un recipiente previamente congelado, para que esté lo más frío posible y no haya choque térmico al extraer el helado. Lo dejamos reposar al menos durante una hora, cubierto para que no entren olores indeseados. Cuando lo vayas a degustar, decora con un poco más de jugo de cerezas o alguna cereza entera, un poco de chocolate en virutas, y ¡a disfrutar!

Albaricoques y azafrán

Los albaricoques tienen algo que emociona. Es la primera fruta, junto con las fresas y las cerezas, que aparece antes de la ansiada estación del verano. Son un delicioso preludio, por eso las recibimos con tantas ganas. Además, el albaricoque tiene jovialidad, es ácido pero dulce, carnoso pero jugoso, peludo pero tierno.

En la primera casa en la que vivimos Mariluz y yo en San Lorenzo de El Escorial había un albaricoquero que fue el origen de nuestra fascinación. En abril, sus cuerpecitos anaranjados iban engordando y ya en mayo cogían un tono naranja almibarado con partes rojas que era un espectáculo visual. También eran el festín de los pájaros, con los que nos peleábamos por los frutos más maduros. Hacíamos mucha mermelada de albaricoque, pero también muchas ensaladas, pues quedan genial con apenas un poco de aceite, vinagre y unas hojas tiernas, como la albahaca. Así que, cuando empecé a elaborar helados en casa, nos surtimos de este albaricoquero para realizar las primeras pruebas. Como ya teníamos mermelada, nuestro primer helado con esta fruta fue de yogur con mermelada de albaricoque, que sigue el hilo conductor de la frescura y amabilidad del yogur.

Tuvimos mucha suerte durante la pandemia, cuando sucedió todo esto que os cuento, porque disponíamos de una pequeña parcela a la que al menos podíamos salir. También nos teníamos a nosotras y a nuestras perras. Pero hubo mucha gente que se quedó sola, como fue el caso de mi abuela. Es por eso por lo que cogimos la rutina de llamarnos todos los días y de hacer juegos, recetas y tertulias para que el tiempo no se le hiciera tan largo. Cuando le conté que había hecho el helado de albaricoque, me sugirió: «¿Por qué no pruebas a infusionar los huesos de los albaricoques en leche? De niña lo hacíamos mucho, saben a almendras». Aquel consejo me dejó pasmada: ¿cocer las semillas de los albaricoques, eso que yo había desechado tantas veces y a lo que no le había visto ninguna utilidad? Lo probé y el resultado fue sorprendente. Efectivamente, el «hueso» del albaricoque le dio un toque de fruto seco muy parecido a la almendra a la base de leche que había preparado, pero también un regusto de rosa superinteresante. Así es que, aunque la receta de yogur había quedado genial, esta me enamora más porque está pensada hasta el final, gracias a mi abuela, que siempre está ahí para darme buenos consejos.

INGREDIENTES

520 g de leche de cabra de pastoreo,
200 g de mermelada de albaricoque, 180 g de azúcar,
160 g de nata, 80 g de leche desnatada en polvo,
6 semillas de albaricoques, 4 g de sal,
2 hebras de azafrán

ELABORACIÓN

El azafrán molido nos ayudará a dar un toque de color a la base y además combina genial con los toques almendrados de las semillas de los albaricoques. Pasteurizamos todos los ingredientes en una olla, hasta llegar a 72 °C. Retiramos la olla del fuego poniéndola en un baño maría inverso de frío para que baje la temperatura. Cuando esté fría, dejamos reposar la mezcla toda la noche en la nevera.

Al día siguiente, colamos la mezcla para extraer las semillas y volvemos a emulsionarla para que se integre con ayuda de un brazo triturador (túrmix). La vertemos en la cuba de la mantecadora (previamente refrigerada) y la dejamos trabajar hasta generar la textura de helado deseada. Antes de extraerlo, echamos en la cuba unos 50 g de mermelada de albaricoque por litro y dejamos que dé un par de vueltas más. Esto generará una preciosa veta en espiral que potenciará su sabor. No la eches en caliente, porque derretirá de nuevo el helado; permite que esté en la nevera esperando el momento de echarla.

Extraemos el helado a un recipiente recién sacado del congelador, a donde regresará enseguida. El objetivo es que esté lo más frío posible y no haya choque térmico. Lo mantenemos dentro al menos durante una hora, cubierto para que no entren olores indeseados. Cuando lo vayas a degustar, echa con hilo fino un poco más de mermelada por encima y déjate llevar por el aroma floral, la intensidad y acidez de este helado, dulce ejemplo de lo que le enseñó la tierra toledana a mi abuela: todo se puede aprovechar.

Brevas y hoja de higuera

Las brevas, como los higos, tienen algo mágico. Realmente no son un fruto, sino unas flores invertidas que nunca llegan a florecer. Sus frutos serían las pequeñas semillas que llevan dentro. Tienen algo mágico, decía, porque su polinización tiene lugar mediante la picadura de una avispa, pero también porque crecen y dan fruto en los paisajes más secos, sobre todo del Mediterráneo. La higuera es un árbol agradecido, generoso, que crece casi en cualquier enclave. Por eso las tenemos desde el sur hasta el norte.

Cuando nos mudamos a San Lorenzo queríamos que nos acompañara una higuera, así que compramos una que nos dio sus frutos carnosos durante cinco años en la antigua casa donde vivíamos. Pero tuvimos que mudarnos y la higuerita se quedó en allí, entregando sus tesoros a los siguientes vecinos. Fue Pedro, el padre de Mariluz, quien quiso regalarnos un árbol que nos diera cobijo en el local y, aunque pensó en un olivo, finalmente cambió de idea y nos regaló la higuera que puedes ver si alguna vez visitas Campo a Través.

Si hay un perfume que define los últimos días de la primavera es el que desprenden las higueras. A finales de mayo y principios de junio, sus aromas están en plena explosión para atraer a los polinizadores. Desde luego, el olor no deja a nadie indiferente.

Sabía por la cultura francesa, que ha conseguido mantener intactas muchas de sus elaboraciones queseras, que la leche de la higuera, es decir, aquel líquido blanco que sale al coger un higo o al romper una de sus ramas tiernas, sirve para cuajar la leche y para hacer quesos. La higuera posee una enzima de la familia de las proteasas llamada ficaína, que es la que hace que se genere la estructura de la cuajada.

Además, sus amplias hojas han servido durante mucho tiempo para hacer de envoltorio, mucho antes de que existiera el papel albal o el sulfurizado. Así es como se envolvían los quesos tiernos hechos con la leche de la higuera para darle todavía más perfume. En el futuro me encantaría poder elaborar quesos así, recuperando una tradición que también fue española y que hemos perdido.

El caso es que sabía que se podían utilizar las hojas como saborizante, y también sabía que la ficaína podía cuajar la leche, cortarla. Pero estaba decidida a hacer un helado que encapsulara todas las cualidades de la higuera, no solo sus frutos, y es así como nació uno de nuestros helados más vendidos: el de brevas con hojas de higuera.

INGREDIENTES PARA LA MERMELADA
DE BREVAS

500 g de brevas, 150 g de azúcar

ELABORACIÓN DE LA MERMELADA DE BREVAS

Dejamos hecha la mermelada poniendo las brevas en una olla, a las que previamente quitaremos la piel fina que las recubre, junto con el azúcar a fuego bajo hasta que empiecen a soltar su jugo. Podemos ayudarnos de un chorrito de agua o de vino para que no se agarre el azúcar y se haga caramelo. Una vez que hayan soltado el jugo, dejaremos que se integre el azúcar junto con las brevas hasta que se evapore el agua y quede una consistencia de mermelada. Entonces, apagamos el fuego y con cuidado vertemos la mezcla en un recipiente de vidrio.

INGREDIENTES PARA EL HELADO DE HIGUERA

560 g de leche de cabra de pastoreo, 180 g de nata, 180 g de azúcar, 80 g de leche desnatada en polvo, 4 g de sal, 1 hoja de higuera

ELABORACIÓN DEL HELADO DE HIGUERA

Lo primero que tendremos que hacer será limpiar la hoja de higuera con agua fría y secarla. Con ayuda de un cuchillo cortaremos el tallo de la hoja de higuera, que es lo que más ficaína o leche de higuera tiene, para que no cuaje la leche. Reservamos.

Pasteurizamos todos los ingredientes en una olla, excepto la hoja de higuera. Cuando haya llegado a 72 °C, retiramos del fuego, poniendo la olla en un baño maría inverso de frío para que baje la temperatura. Se incorpora la hoja de higuera, que soltará su perfume durante toda la noche, y se mete la mezcla en la nevera.

Al día siguiente colamos la mezcla (para extraer la hoja) y la emulsionamos para que se integre con ayuda de un brazo triturador (túrmix). Vertemos la mezcla en la cuba de la mantecadora (previamente refrigerada) y mantecamos hasta generar la textura de helado deseada. Antes de extraerlo, echamos en la cuba unos gramos de mermelada de brevas (fría de la nevera, para que no derrita la mezcla) por cada litro de helado y dejamos que dé un par de vueltas más. Esto creará una deliciosa veta en espiral que potenciará su sabor.

Vertemos en un recipiente congelado, que regresará rápidamente al congelador. El objetivo es que esté lo más frío posible y no haya choque térmico al trasladar el helado. Dejamos reposar al menos una hora, cubierto para que no entren olores indeseados. Cuando lo vayas a degustar, echa un poco más de mermelada por encima y... déjate llevar por este viaje entre higueras como colofón de la primavera.

Corte helado con barquillos

Helado y verano van asociados. Podía haber empezado por esta estación que en muchos sentidos resume la esencia de la heladería tal y como la conocemos, pero preferí dejarla para el final. Y lo he hecho con plena conciencia de ello, pues para mí el verano, a pesar de que me encanta con sus mañanas alegres, sus noches largas, sus fiestas populares, el sonido de los vencejos y las golondrinas, de las abejas, las brisas que varean las copas de los árboles colmadas y en plena abundancia, no me parece que sea exclusivamente la mejor época para disfrutar de la heladería, aunque sí que es verdad que se encuentran muchas de mis frutas preferidas. Y creo que no lo es porque el verano es una temporada en la que, por el calor, ingerimos helado más con ánimo de calmar nuestra temperatura corporal que de deleitarnos con sus sabores, y les prestamos menos atención. Quería revertir esta situación y es por eso por lo que en verano me gusta intensificar los sabores de las frutas más comunes y que la gente se fascine con la intensidad de las mismas.

Cuando era pequeña, en casa de mis abuelos durante el verano a veces había corte helado de postre o para merendar. Aquello era un ritual. Ellos tenían su casa en el centro de Madrid (para quienes no vivan en esta ciudad, es sinónimo de asfalto ardiente en los meses más tórridos; apenas se puede una mover en las horas medianas del día) y, afortunadamente, había piscina. Cuando terminábamos de comer y mi abuela decía que había que hacer la digestión para bañarse, ahí nos esperaba el corte helado, para matar el tiempo y el calor.

El corte helado era muy popular entonces, se encontraba en todos los supermercados, era barato y accesible. Luego fue perdiendo calidad y creo que por eso la gente dejó de consumirlo en el momento que también llegaban los *gelatos*.

El secreto de un helado al corte es su sencillez, y que no necesita de artificios para lucir. Normalmente era de tres capas: nata, chocolate y fresa, o el de turrón. Se cortaba con un cuchillo, con el grosor que querías, y se ponían dos barquillos cuadrados para hacer un sándwich. Hay quien se lo tomaba con plato y cuchara, sin los barquillos. Pero lo mágico de este helado era lamerlo por sus laterales, rebajar las esquinas para ir haciendo un pequeño disco rotativo que iba pasando por tu lengua.

Hace poco visitamos un restaurante, en un barrio de Madrid, regentado por unos chicos apasionados como nosotras por recuperar la tradición. Barra de metal, sillas bajas de madera con mesas de mármol, espejos dorados y paredes de roble brillante, un típico bar de los años setenta recuperado y con muy buena onda. Los chefs sirven platos clásicos de nuestro recetario tradicional y vinos muy buenos. Nos sorprendió, pues a veces parece más complicado hacer cosas sencillas como estas que ir a cualquier bar o restaurante en el que abundan las sillas y mesas de recepción de hotel. También nos maravilló su carta de postres en que había dos básicos a buen precio: requesón con miel y queso con membrillo, nada más.

El caso es que nos acabamos haciendo amigas de los socios e, inspiradas por este romanticismo compartido, les propusimos hacer algo que por entonces no pensábamos sacar en Campo a Través: un helado al corte que acompañara esa carta tradicional y que fuera el colofón final de una comida o cena llena de recuerdos nostálgicos. Un helado al corte, además, solo de nata, para que la gente pusiera en valor la calidad de un ingrediente tan sencillo como la leche de cabra de pastoreo.

Te traigo la receta del helado al corte de nata, pero en realidad puedes hacerlo con cualquier receta de este libro dispuesta en un molde de turrón, que te recomiendo comprar (de acero inoxidable). Hablo de un molde perfectamente rectangular, y si no lo tienes siempre puedes echar mano de la imaginación, es probable que dispongas de algo similar en casa.

INGREDIENTES
560 g de leche de cabra de pastoreo,
180 g de nata, 180 g de azúcar, 80 g de leche
en polvo, 4 g de sal

ELABORACIÓN
Pasteurizamos todos los ingredientes en una olla. Al llegar a 72 °C, la retiramos del fuego y la ponemos en un baño maría

inverso de frío para que baje la temperatura. Dejamos reposar la mezcla toda la noche en la nevera.

Al día siguiente, volvemos a emulsionar la mezcla para que se integre con ayuda de un brazo triturador (túrmix). La vertemos en la cuba de la mantecadora (previamente refrigerada) y mantecamos hasta generar la textura de helado deseada. Extraemos el helado, disponiéndolo con una espátula sobre el molde de turrón (congelado previamente para que esté lo más frío posible), cubierto por media hoja de papel de horno sulfurizado, para que luego nos sea más fácil desmoldarlo. Cuando lo tengamos bien relleno, como si de una llana de albañil se tratara, alisamos toda la superficie para que la superficie quede plana. Dejamos reposar el helado en el congelador al menos durante una hora, cubierto para que no entren olores indeseados. Cuando lo vayas a degustar, sírvelo si puedes con unos barquillos..., ¡y a soñar!

Melocotón asado

El melocotón es la fruta más carnosa del verano. Es delicioso, jugoso, dulce y tiene un punto ácido que lo hace extraordinario. Sin embargo, a pesar de ser una fruta tan gustosa y de que es probable que sea más consumida en esta época, prácticamente no se elabora nada con melocotón en heladería. La única explicación que encuentro es la falta de reflexión en este oficio, las escasas ansias de innovación y la comodidad en la que el sector se ha instalado. Ya sabemos que la leche casa bien con el chocolate con galletas, con dónuts y con pralinés; igual que la fresa, el plátano o el limón, pero ¿qué pasa con el resto de las frutas? Por supuesto, no sirve la misma receta para todo y se necesita entender bien la esencia de cada una para «darle» lo que necesita, facilitarle un medio en el que se vaya a encontrar a gusto para relucir. La verdad es que el melocotón se pierde un poco en el sabor lácteo de la leche. Pero, pensando, en verano yo siempre asocio el melocotón al yogur, pues para merendar suelo preparar un bol con un poco de yogur, algunas frutas y cereales. Así que hice pruebas en un medio más ácido y empezó a funcionar.

El pasado verano, además, nos compramos una barbacoa japonesa llamada Kamado, que es una especie de hornito pequeño con forma de huevo en cuyo interior se enciende el fuego, pero que tiene un revestimiento de cerámica de mucho espesor, incluso en la tapa, que lo hace ideal para asar y ahumar. Así que nos pasamos toda la temporada de calor haciendo barbacoas los fines de semana para desconectar un poco. Un día que teníamos muchos melocotones recién traídos de Gredos, me dio por probar a asar unos trozos que había preparado para una ensalada de queso con albahaca. Apenas los dejé un instante, para que se templaran levemente y cogieran un poco del sabor a la brasa. Aquello fue increíble. La caramelización del melocotón lo subió de nivel y le dio mucha complejidad. En ese momento, deseé con todas mis fuerzas hacer un helado con melocotón asado. Pero con esta caramelización y el dulzor natural que había sacado pensé que con el yogur no bastaría para contrarrestar, y es ahí cuando me vino a la mente el kéfir.

Hice algunas pruebas con una de las bases que teníamos ya domadas, que estaba siendo un éxito, la de kéfir con vainilla. El resultado fue espectacular y despachamos muchísimos helados aquel verano.

INGREDIENTES PARA EL MELOCOTÓN ASADO
1 kg de melocotones pelados, 300 g de azúcar

ELABORACIÓN DEL MELOCOTÓN ASADO
Para potenciar el sabor del melocotón asado vamos a preparar un almíbar sin tanto azúcar. Si no tienes parrilla, se puede hacer con ayuda de un soplete o simplemente marcándolos a la plancha. Necesitaremos pelar los melocotones y cortarlos a la mitad para disponerlos en un recipiente. Los

cubriremos con azúcar y esperaremos un día o dos, para que vayan soltando el jugo y el azúcar se vuelva almíbar. Al sacarlos, los caramelizamos con un toque de soplete o de parrilla. Muy rápido, simplemente para que se caramelice la superficie, y reservamos en frío. Esto lo puedes hacer con cualquier fruta. La parrilla le dará un extra de sabor que contrastará genial con helados ácidos y ligeros.

INGREDIENTES PARA EL HELADO
400 g de kéfir de cabra de pastoreo, 180 g de azúcar de caña, 180 g de leche de cabra de pastoreo, 170 g de nata, 60 g de leche desnatada en polvo, 4 g de sal, 1 vaina de vainilla, 40 g de melocotón asado

ELABORACIÓN DEL HELADO
Para el helado, abrimos la vainilla a la mitad y extraemos sus semillas con ayuda de un cuchillo pequeño. Dispondremos las semillas en una olla, junto al resto de ingredientes, excepto el kéfir. La calentamos hasta llegar a 72 °C y la retiramos del fuego, poniéndola en un baño maría inverso de frío para que baje la temperatura. Cuando la mezcla esté fría, añadimos el kéfir y la dejamos reposar toda la noche en la nevera.

Al día siguiente, extraemos la vaina de las vainillas y volvemos a emulsionar la mezcla para que se integre con ayuda de un brazo triturador (túrmix). La vertemos en la cuba de la mantecadora (previamente refrigerada) y mantecamos hasta generar la textura de helado deseada. Antes de extraerlo, echamos en la cuba los trocitos de melocotón asado y confitado. Esto generará una estupenda veta que potenciará su sabor. Extraemos a un recipiente previamente congelado y lo ponemos rápidamente en el congelador (para que esté lo más frío posible y no haya choque térmico). Lo mantenemos ahí al menos durante una hora, cubierto para que no entren olores indeseados. Cuando lo vayas a degustar, decóralo con un poco más de melocotón por encima.

Una versión rápida y muy sencilla de este postre consiste en partir un melocotón en almíbar, quitarle la semilla central y sopletear un poco por encima hasta que caramelice. Sobre él, bastará disponer una bola de helado de kéfir con vainilla. El contraste de caramelizado y ácido y de temperaturas calientes y heladas será como una montaña rusa.

Limón con hierbabuena

Cuando Mariluz era pequeña pasaba algunas semanas cada verano en la casa de su abuela Pepa, en Montillana. Dice que ella y su hermana Marta iban a regañadientes porque en el pueblo no había nada y el tiempo se les hacía largo. Qué curiosa es esta sensación tan infantil del tiempo eterno estival. Ahora, cada vez que vamos a visitar a Pepa, siempre pasa volando y nos hacemos eco del pasado con historias a las que nos gustaría regresar.

La primera vez que Mariluz probó mi helado de limón con unas hojas de hierbabuena que teníamos de nuestra mata casera, me dijo: «Es el patio de mi abuela». El poder de los olores y sabores es mágico, pues de un plumazo te hacen teletransportarte. De repente, estaba en aquel patio soleado y cubierto de macetas en las que había plantadas, entre otras, varias hierbabuenas. Era el perfume del verano de su infancia, y no hay nada más poderoso que estos recuerdos de cuando éramos pequeñas.

Este es un helado muy fácil de hacer y su secreto radica en equilibrar la leche, el zumo de limón y el aroma de su ralladura con hojas de hierbabuena recién recolectada, que tenemos gracias a que la abuela de Mariluz nos dio una maceta que cuidamos en nuestra terraza. Tener unas macetas de aromáticas te da alegría y mucha vida. Por eso, si haces este helado con hierbabuena o aromáticas del supermercado, perderá su esencia. Si no dispones de hierbabuena, puedes echar mano de cualquier otra aromática que encuentres por el campo, pero que sea fresca, recién recolectada, y verás cómo cambia el resultado.

INGREDIENTES

*450 g de leche de cabra de pastoreo,
180 g de nata, 180 g de azúcar de caña,
100 g de zumo de limón, 80 g de leche desnatada en polvo, 4 g de sal, 1 rama de hierbabuena,
1 ralladura de limón*

ELABORACIÓN

Vamos a hacer un helado sencillo, pero superexpresivo. Pasteurizamos todos los ingredientes en una olla, excepto el limón y la hierbabuena. Una vez que hayan llegado hasta los 72 °C, retiramos del fuego, poniendo la olla en un baño maría inverso de frío para que baje corriendo la temperatura. Cuando esté frío, dejamos reposar la mezcla toda la noche en la nevera.

Al día siguiente, rallamos fino un limón sobre la mezcla y exprimimos el zumo, que colaremos hasta tener la cantidad necesaria. Volvemos a emulsionar la mezcla para que se integre con ayuda de un brazo triturador (túrmix). Vertemos la mezcla en la cuba de la mantecadora (previamente refrigerada), y acto seguido añadimos el zumo de limón.

Mantecamos hasta generar la textura de helado deseada. Mientras se manteca, iremos cortando muy pequeñitas las hojas de la hierbabuena que justo antes de extraer el helado echaremos en la cuba para que se integren.

Lo llevamos a un recipiente previamente congelado, y lo ponemos rápidamente en el congelador (para que esté lo más frío posible y no haya choque térmico). Lo dejamos ahí al menos durante una hora, cubierto para que no entren olores indeseados. Cuando lo vayas a degustar, pon una hojita más de hierbabuena por encima y deléitate con su fragancia y su frescor, ojalá te teletransporte a algún remoto patio andaluz.

Sorbete de melón y sus pepitas

El verano es una estación llena de recuerdos. También es el momento más ocioso del año, donde tiene lugar el ansiado periodo vacacional de todos los niños y las niñas y, aunque más corto, el de muchos padres. Es la estación en la que los abuelos cobran un protagonismo especial, porque son ellos los que normalmente pueden hacerse cargo de los nietos el tiempo de descanso que excede de las vacaciones de los progenitores. Seguro que te pasa como a mí: los recuerdos del verano están muy relacionados con mis abuelos. Y, si tengo que elegir una fruta que evoque este periodo estival tan largo y divertido, esa fruta es el melón.

Cuando terminábamos de comer en la terraza y el calor apretaba, mi abuela siempre ponía medio melón sobre el mantel de plástico, tan característico también del verano en la playa. Con una mano y una destreza increíble cogía un cuchillo y lo deslizaba por el melón para cortar una larga rodaja. Yo le decía que por favor me quitara también las pepitas, pues me daba mucha rabia que se quedara alguna, y ella aprovechaba para recordarme que cuando era pequeña secaba las pepitas al sol y se las tomaba.

Quizá hoy no tengamos la mirada educada para ver esos manjares de hace un siglo. El caso es que estuve muchos años descartando y desechando las pepitas, hasta que tuvimos la heladería y fui consciente de la cantidad de partes de las frutas que no utilizamos (la piel, las cáscaras o las semillas, que suelo llevar a un huerto para hacer compost). Me pareció el momento de enfrentarme al reto de empezar a pensar qué hacer con todo eso. Así desarrollé algunas ideas interesantes que pongo en práctica, como, por ejemplo, guardar las pieles de las frutas de hueso, secarlas y molerlas para incorporarlas al helado, y que sigan dando más perfume, color y sabor; o extraer las fibras del hueso central del mango, secarlas y molerlas para usarlas como ayuda para mejorar la estructura de algunos helados, que veía que se nos cristalizaban.

Es complejo elaborar con el melón cuando haces helado a base de leche, porque tiene una parte muy notoria de agua y un sabor muy característico asociado a ella. Es como si, dentro de su timidez, la leche y el melón compitieran por el protagonismo. Hice muchas pruebas y ninguna quedaba expresiva, así que empecé a quitarme de la cabeza la idea de que el melón podía entrar en la carta de la heladería. Entonces se coló mi abuela en mi pensamiento, ella que aprovechaba hasta las pepitas, y empecé a pensar en el aprovechamiento de la fruta para subir su intensidad, pero también en el de la leche.

Con este helado llegó el suero de leche a Campo a Través. El suero de leche suele ser un subproducto asociado a la elaboración quesera. Es el líquido resultante de haber cuajado y hecho el queso. Muchos queseros lo desechan o se lo dan a los animales, otros (cada vez menos, pues es muy laborioso) elaboran una parte de requesón con él. Así que le pregunté a Mario si podía cogerle un poco de suero de leche para hacer pruebas. Se quedó alucinado y me dijo: «El que quieras». Es así como a nosotras, que nunca tuvimos en la mente hacer sorbetes porque queríamos trabajar con la leche de cabra y no con agua, el aprovechamiento nos llevó a elaborar sorbetes superrefrescantes para el verano a base de suero de cabra. También es así que algunas frutas, como el melón, empezaron a relucir en nuestro obrador.

El suero de leche no competía por su protagonismo y dejaba que el melón se pronunciara, le daba espacio para campar a sus anchas por nuestro paladar. Gracias a él, y una vez más a los trucos de mi abuela, fuimos más conscientes de los desperdicios alimentarios y de que simplemente, con un poco de ingenio, se pueden incorporar a nuestras vidas.

INGREDIENTES

530 g de suero de leche de cabra de pastoreo,
300 g de melón, 180 g de azúcar de caña,
30 g de pepitas de melón para decorar,
2 g de sal

ELABORACIÓN

Ponemos todos los ingredientes en una olla, excepto las pepitas y la pulpa del melón triturada pues el calor haría que cambiase su sabor, y la llevamos a 72 °C. A continuación, la enfriamos con un baño maría inverso de frío. Cuando haya bajado la temperatura, añadiremos la pulpa del melón y guardaremos en la nevera hasta el día siguiente.

Para esta elaboración, a mí me gusta tener moldes de silicona para hacer polos, pero también se puede servir en bola, como prefieras. El caso es que, sea el recipiente que sea, deberá estar guardado en el congelador. Al día siguiente, emulsionamos la mezcla con ayuda de un brazo túrmix y llevamos el contenido a la mantecadora (previamente refrigerada). Dejamos agitar hasta que se genere la mezcla del helado. Extraemos el helado, con ayuda de una pala de plástico o espátula, al recipiente elegido y guardamos en el congelador al menos tres horas.

Ciruelas

Las ciruelas suelen ser las menos llamativas de las frutas estivales. Son jugosas, con mucha pulpa y un punto de acidez que le dan mucho rock and roll. Su sabor no es especialmente intenso, aunque depende del grado de maduración.

Mis abuelos tenían un ciruelo plantado casi al borde de la piscina, que daba ciruelas pequeñitas y amarillas. Fue creciendo conmigo. Al principio tenía poco grosor, pero con los años se fue ensanchando hasta convertirse en un gran ejemplar. Por desgracia, hace pocos años tuvieron que talarlo porque las raíces estaban llegando a la estructura de la piscina. Para mí, verano siempre ha sido sinónimo de agua clorada y jugo de ciruelas. Todos los años daba una cosecha tan abundante que la mayoría de las ciruelitas acababan dentro de la piscina. Me encantaba bucear para devolverlas a la tierra y que se las comieran los pájaros. A mí no me gustaban especialmente, pero siempre acababa picando una o dos pues su acidez tiene algo que divierte, son como un Peta Zeta.

Había olvidado su sabor hasta que, al encontrar el local donde está situada nuestra heladería, descubrimos que en el parque de al lado hay un ciruelo y una morera plantados en la época de Godoy. Un día, de camino al trabajo, de repente vi rodar una de estas ciruelitas pequeñas, como las que había comido durante tantos años en la casa de mis abuelos. También nos ocurrió que conocimos a Javier, nuestro agricultor ecológico de referencia en Gredos, y tenía muchos ciruelos de diferentes variedades plantados. Gracias a las visitas que le hicimos nos enamoramos de nuevo de estos árboles profundamente generosos, que cada verano se colman de ciruelas hasta casi tronchar sus ramas.

Te traigo una receta divertida, refrescante y sencilla. Podría ser mi merienda, al borde de la piscina de casa de mis abuelos, si el ciruelo continuara existiendo. Así que este helado de yogur con mermelada fría de ciruelas del árbol de al lado va por él, por tantos años de disfrute y generosidad.

INGREDIENTES PARA MACERAR LAS CIRUELAS
1 kg de ciruelas, 200 g de azúcar

INGREDIENTES PARA EL HELADO
300 g de leche de cabra de pastoreo,
190 g de yogur de cabra de pastoreo,
170 g de nata, 140 g de ciruelas, 140 g de azúcar,
60 g de leche desnatada en polvo, 4 g de sal

ELABORACIÓN

Antes de comenzar a preparar este helado, me gusta dejar las ciruelas madurar junto con el azúcar al vacío (lo puedes hacer en cualquier recipiente hermético) al menos durante veinticuatro horas para que vayan sacando sus jugos y su aroma.

Ponemos en una olla todos los ingredientes, excepto el yogur y la pulpa de estas ciruelas trituradas, pues el calor haría que cambiase su sabor. Llevamos la olla a 72 °C y la enfriamos con un baño maría inverso de frío. Cuando haya bajado la temperatura, añadimos las ciruelas y el yogur, y guardamos la mezcla en la nevera toda la noche.

Al día siguiente, tras encender la mantecadora para que se refrigere, vamos emulsionando la mezcla con ayuda de un brazo túrmix. Vertemos el contenido en la cuba y dejamos agitar hasta que se genere la mezcla del helado. La extraemos, con ayuda de una pala de plástico o espátula, a un recipiente que tendremos previamente congelado para que no haya choque térmico y no se derrita cuando lo dispongamos sobre él. Guardamos en el congelador al menos tres horas antes de servir. Puedes ponerle un poco más del jugo de las ciruelas por encima, será un espectáculo de acidez y frescor.

Paraguaya y melisa

Puede que uno de los helados más raros, pero también más expresivos, lo hiciésemos el pasado verano. Se trata de una combinación de yogur con paraguaya y melisa. Me topé con una planta de melisa muy lustrosa en uno de los huertos de la zona y su perfume me pareció exquisito, con una combinación única de frescor mentolado, picante y alimonado. Una maravilla. A esta planta se la conoce por sus propiedades relajantes, pero en la cocina rara vez se utiliza.

Yo tenía muchas ganas de elaborar un helado con un estilo más oriental, como si de un *laban* (leche fermentada muy típica de países árabes) se tratara, con toques de pimienta, de limón y de hierbabuena. Y, como había encontrado esa mata de melisa, pensé que había hallado todos esos perfumes y sabores concentrados, e hice una prueba y le incorporé la melisa bien troceadita, en fresco, al helado de yogur. Fue brutal. Qué rico. Prácticamente estaba terminado, aunque solemos trabajar un poco más de color en el helado. Así que dije: «Vale, ahora necesita una fruta». Era verano y ya había usado melocotones, nectarinas, albaricoques, ciruelas... No tenía sentido repetirlos. De repente, me acordé de las paraguayas, una fruta que me encanta. Su sabor es complejo, no es tan directo como el del melocotón ni encapsula tanto dulzor, pero tiene mucha carnosidad, jugosidad y expresividad. Total, que me animé a hacer una mermelada en frío y al vacío toda la noche para que sacara sus jugos. Hay frutas que en caliente y en confitura pierden su esencia, como le pasa al mango (y también a la paraguaya). Por eso, si dejas reposar la fruta bien prensadita y en frío con una pequeña cantidad de azúcar, ella suelta todos sus jugos, el azúcar se integra y luego al triturarla te queda un *coulis* fresco exquisito.

Probé a echarle por encima este veteado al helado de yogur con melisa que ya tenía y aquello fue increíble. Qué asociación de sabores tan extraordinaria, jamás lo hubiera pensado. Dulces, ácidos, frescos, fruta de hueso con toque de limón y pimienta, por no hablar del color, que parecía una piruleta, blanco en la base pero rosa entremedias y con toques verdes queriendo asomar. Me asombró a mí misma. Es el helado preferido de Mariluz y en verano siempre hago de más, para tener provisiones en casa.

INGREDIENTES PARA MACERAR LAS PARAGUAYAS
500 g de paraguayas, 150 g de azúcar

ELABORACIÓN DE LAS PARAGUAYAS

Para macerar las paraguayas necesitaremos que estén maduras, y quitarles la piel y la semilla central. Las pondremos, troceadas, en un recipiente junto con el azúcar y las reservaremos un día en la nevera hasta que suelten su sabor y el jugo y el azúcar se haya disuelto. Si tienes máquina de vacío, esta hará que los aromas se integren mejor y más uniformemente. Trituraremos la mezcla y reservaremos en frío.

INGREDIENTES PARA EL HELADO
440 g de yogur de cabra de pastoreo, 180 g de azúcar de caña, 160 g de nata, 140 g de leche de cabra de pastoreo, 80 g de leche desnatada en polvo, 30 g de paraguaya macerada, 4 g de melisa fresca, 4 g de sal

ELABORACIÓN DEL HELADO

Al día siguiente, pasteurizamos todos los ingredientes en una olla, excepto el yogur y la paraguaya macerada. Una vez que hayan llegado a 72 °C, retiramos del fuego, poniendo la olla en un baño maría inverso de frío para que baje la temperatura. Cuando se haya enfriado, añadimos el yogur y dejamos reposar la mezcla toda la noche en la nevera.

Al día siguiente, encendemos la mantecadora para que se refrigere, y volvemos a emulsionar la mezcla, para que se integre con ayuda de un brazo triturador (túrmix). Vertemos la mezcla en la cuba y mantecamos hasta generar la textura de helado deseada. Antes de extraerlo, añadimos unos 30 g de la paraguaya macerada y la melisa cortada fina con cuchillo. Dejamos que dé un par de vueltas más. Esto generará una veta espectacular y llena de contrastes morados que potenciará su sabor.

Lo extraemos, con ayuda de una pala de plástico o espátula, a un recipiente que tendremos previamente congelado para que no haya choque térmico y no se derrita cuando lo dispongamos sobre él. Guardamos en el congelador al menos una hora antes de servir, cubierto para que no entren olores indeseados. Cuando vayas a degustar este helado, decora con una hojita de melisa por encima y, si quieres, un poco más de paraguaya. Te invito a dejarte cautivar por el frescor y exotismo de este helado.

Frambuesas, avena y *nibs* de cacao

Desde que nos mudamos a la sierra, Mariluz y yo siempre hemos cultivado un pequeño huerto de verano. A principios de abril empezábamos a labrar la tierra para que se oxigenara, traíamos algunos sacos de compost de cabra para nutrir el suelo, y solíamos esperar a mayo para empezar a sembrar, ya que aquí, al estar en la montaña, nunca sabes cuándo puede entrar una helada imprevista. Los primeros años tuvimos la huerta en aquella primera casa en la que vivimos. Era pequeñita, pero nos dio muchas alegrías. No hay nada como alimentarte con tus propias verduras en verano. Para mí, bajar todas las tardes al huerto, cuando ya el calor no aprieta, es casi como meditar, un momento de sosiego, de espiritualidad. Mágico.

Siempre digo que la tierra te va guiando, te enseña. Por eso cuando nos trasladamos a nuestra casa actual, en la que no disponemos de parcela, tuvimos que alquilar un huerto cercano en el que uno de los bancales ya estaba preparado con un montón de frutos del bosque que habían plantado los anteriores inquilinos, así que eran matas medio altas y maduras que nos dieron un montón de frutos. Había moras y frambuesas. Además, para nuestra sorpresa, también encontramos frambuesas de diferentes variedades, rosas, amarillas, naranjas y blancas. Hasta entonces no sabía que las frambuesas podían no ser rosas, sino de otros colores, así que me quedé fascinada con este fruto. Todos los días, al ir a labrar, sembrar, regar, recoger y tutorizar, nos poníamos moradas de frambuesas pues son, además, unos arbustos muy generosos. Es entonces cuando empezamos a elaborar mucho helado con esta fruta que teníamos en abundancia.

Mi preferida es una combinación entre frambuesas y avena, como si de un *porridge* se tratara, con *nibs* crujientes de cacao puro. Puede que este sea mi helado predilecto del verano, nunca me canso de él.

INGREDIENTES

440 g de leche de cabra de pastoreo,
180 g de azúcar de caña moreno, 180 g de nata,
120 g de frambuesas, 80 g de nibs *de cacao,*
70 g de leche desnatada en polvo, 4 g de sal,
1 g de avena

ELABORACIÓN

Calentamos todos los ingredientes, excepto los *nibs*, en una olla hasta llegar a 72 °C. La retiramos del fuego, poniéndola en un baño maría inverso de frío para que baje la temperatura. Cuando esté fría, dejamos reposar la mezcla toda la noche en la nevera.

Al día siguiente, volvemos a emulsionar la mezcla para que se integre con ayuda de un brazo triturador (túrmix). La vertemos en la cuba de la mantecadora (previamente refrigerada) y mantecamos hasta generar la textura de helado deseada. Antes de extraerlo, incorporamos en la cuba unos 80 g de *nibs* de cacao (previamente revisados, pues a veces algún trozo viene con cascarilla) por litro de helado. Extraemos el helado a un recipiente previamente congelado, y lo ponemos rápidamente en el congelador (para que esté lo más frío posible y no haya choque térmico), donde lo dejamos reposar al menos durante una hora, cubierto para que no entren olores indeseados. Cuando lo vayas a degustar, decóralo con unas pocas frambuesas o *nibs* de cacao por encima.

Arándanos

Los arándanos destacan entre mis frutos preferidos del verano. Son como pequeñas gominolas, ácidas y dulces a la par, que no puedes parar de comer una tras otra y que te dejan la lengua morada como si hubieras estado tomando una piruleta. Esta predilección no es de siempre, antes ni siquiera me gustaban especialmente, pues en las grandes superficies no se encuentran buenos, normalmente tienen un exceso de agua que rebaja su sabor y los hace insulsos.

El arándano, como las frambuesas, es una fruta superfrágil que no solo requiere de una recolecta minuciosa, casi con manos de pianista, sino de un transporte delicado y, sobre todo, de un equilibrio entre sol y lluvia pues, a pesar de que crece con facilidad en la cornisa cantábrica, el exceso de agua lo ablanda y le resta sabor. Entender el cultivo de arándano para lograr sacar una buena cosecha adelante me parece casi un milagro.

Todo cambió cuando conocimos la finca de Niembru que antes cultivaba Pepe y ahora Daniel. Los arándanos se refugian en la ladera de una pequeña montaña y se nutren de la brisa marina y la temperatura templada. Cuando entras en su plantación, te acercas a ver sus arbustos y tienes el privilegio de recoger unos cuantos arándanos y probarlos, todo cobra sentido. Qué carnosidad, qué delicadeza, qué expresividad encerrada en un fruto tan pequeñito. No he conocido otro cultivo igual, y por eso siempre trabajamos con ellos. Al llegar el verano, estamos ansiosas por volver a disfrutarlos.

Por desgracia, es una finca con escasa estabilidad. Aunque es preciosa y da una producción increíble, muchas añadas se juntan factores meteorológicos con la escasez de mano de obra que hacen que no se pueda recolectar el arándano rápido. No es infrecuente que dé más pérdidas que ganancias. Precisamente por estas dificultades miro y saboreo sus arándanos con especial cariño.

INGREDIENTES
300 g de leche de cabra de pastoreo, 180 g de nata, 180 g de arándanos, 180 g de azúcar, 80 g de leche desnatada en polvo, 80 g de yogur, 4 g de sal

ELABORACIÓN

Ponemos todos los ingredientes en una olla, excepto el yogur, y la llevamos a 72 °C. Acto seguido la enfriamos con un baño maría inverso de frío. Cuando haya bajado la temperatura, añadimos el yogur y guardamos en la nevera hasta el día siguiente.

Al día siguiente, vamos emulsionando la mezcla con ayuda de un brazo túrmix. Vertemos el contenido en la mantecadora (previamente refrigerada) y dejamos agitar hasta que se genere la mezcla del helado. Con ayuda de una pala de plástico o espátula, extraemos el helado a un recipiente previamente congelado, y lo ponemos rápidamente en el congelador (para que esté lo más frío posible y no haya choque térmico). Lo guardamos en el congelador durante al menos tres horas, y ¡a disfrutar este helado, con un poco más de arándanos frescos por encima, un poco de ralladura de limón o incluso una *stracciatella* de chocolate blanco o negro!

Lima, ágave y chile dulce

Los cítricos son para el invierno. Aunque hoy en día podemos disfrutar del limón cualquier mes gracias a algunas variedades como la eureka, conocida como la cuatro estaciones porque entrega su fruto todo el año, lo normal es que limoneros, naranjos o pomelos se recolecten con temperaturas más bajas. Sin embargo, existe un cítrico temprano que podemos consumir desde finales de agosto o principios de septiembre gracias a las temperaturas cálidas del sur de España. Es el caso del limero.

Realmente estos frutos alcanzan su madurez y dulzor después del otoño, que es cuando pasan del verde al amarillo, pero su carácter ácido y rocanrolero se lo debemos a la cosecha temprana que se hace del mismo, cuando aún están verdes pero han desarrollado ya todo el zumo en su interior. Por eso digo que la lima es un fruto de finales del verano, el primer cítrico que podemos disfrutar en esta temporada. Su sabor y pH tan ácido lo hacen complicado de casar con la leche; sin embargo, al elaborarse con temperaturas negativas, ambos entran en comunión y logran equilibrarse, ofreciéndonos un helado especialmente fresco y con mucha personalidad para combatir las altas temperaturas.

Siguiendo la línea narrativa que tiene la propia lima, con su sabor chispeante, me encanta conjugarla con un poquito de picante, pero también contrastarla con el dulzor del sirope de agave. Es un helado que puede llevarte a algún lugar de México, pero también a la costa de Andalucía, donde limones y huertas conviven, y donde el picante y el salero también son frecuentes. La pita o agave, además, es abundante en todo el litoral andaluz (seguramente os hayáis topado con estas plantas parecidas a los cactus al entrar en alguna duna en la playa). Es difícil, pero incluso puedes hacerte tu propio sirope, para el que bastará coger el corazón de algunas hojas carnosas y calentar la pulpa interior hasta que los azúcares se extraigan. Pero, para tu comodidad y siendo la primera vez, es mejor que eches mano de un sirope de agave ya producido y de cultivo ecológico.

Para subirlo un punto más de nivel, me gusta preparar un triturado de limas y azúcar a partir de las cáscaras de haber hecho el zumo de lima, a las cuales les quito el albedo blanco y las cuezo ligeramente para quitar el amargor. Después, mezclo la misma proporción con azúcar y realizo un azúcar de lima que nos servirá de base para el helado.

INGREDIENTES

450 g de leche de cabra de pastoreo, 180 g de nata, 150 g de agave, 100 g de zumo de lima, 80 g de leche desnatada en polvo, 40 g de azúcar de lima, 5 g de sal, 1 pimienta de cayena

ELABORACIÓN

Pasteurizamos todos los ingredientes en una olla, excepto el zumo de lima y la cayena. Cuando se alcancen los 72 °C, la retiramos del fuego y la ponemos en un baño maría inverso de frío para que baje su temperatura. Dejamos reposar la mezcla toda la noche en la nevera.

Al día siguiente, volvemos a emulsionar la mezcla para que se integre con ayuda de un brazo triturador (túrmix). Exprimimos las limas y colamos el zumo hasta llegar a la cantidad deseada. Vertemos la mezcla del helado en la cuba de la mantecadora (previamente refrigerada) y, cuando haya dado un par de vueltas, añadimos el zumo de lima. Mantecamos hasta generar la textura de helado deseada. Antes de extraerlo, echamos una cayena que habremos molido fino con ayuda de un mortero (si no te gusta el picante, no te pases o, directamente, no la uses).

Extraemos el helado a un recipiente previamente congelado, y lo ponemos rápidamente en el congelador (para que esté lo más frío posible y no haya choque térmico). Lo dejamos reposar al menos durante una hora, cubierto para que no entren olores indeseados. Sugerencia de decoración: con una mezcla rápida de azúcar, sal y cayena molida por encima.

Mango y lima

He de reconocer que a veces soy un poco clásica: no me gusta trabajar con frutas demasiado exóticas. Además, dicen que el gusto se construye también a través de la memoria de lo que vamos probando desde pequeños, por lo que, aunque me agrade su sabor en la actualidad, algunas frutas no consiguen transmitirme emociones.

Desde que tenemos la heladería hemos ido probando muchos productos singulares que se cultivan en algunas regiones de la Península, como la fruta del dragón, la papaya, la guayaba o el rambután. Alguna vez hemos hecho algún helado con ellas, pero, si os digo la verdad, ninguno ha sido reseñable. Sin embargo, una de esas frutas que llamamos «exóticas» ha conquistado nuestros corazones: cada año esperamos como agua de mayo que lleguen los mangos para poder trabajar con ellos. Nos han conquistado por su textura carnosa, jugosa y fibrosa, así como por su sabor. Son los reyes del final del verano, un colofón de despedida.

Desde el primer minuto que probamos los de Jesús, que tiene una finca de mangos entre Granada y Málaga, nos encantó saber más acerca de este frutal que proviene de la misma familia que el pistacho o el anacardo y que se da con soltura en esta región. A nosotras nos gusta conjugarlo con un poco de zumo de lima, pues el dulzor del mango contrarresta de manera magistral con la acidez de la lima. Juntos hacen una combinación estrella.

INGREDIENTES

*400 g de leche de cabra de pastoreo,
180 g de nata, 180 g de azúcar, 120 g de pulpa
de mango, 50 g de zumo de lima,
4 g de sal*

ELABORACIÓN

Pasteurizamos todos los ingredientes en una olla, excepto el zumo de lima. Una vez que hayan alcanzado los 72 °C, la retiramos del fuego y la ponemos en un baño maría inverso de frío para que baje la temperatura. Dejamos reposar la mezcla toda la noche en la nevera.

Al día siguiente, volvemos a emulsionar la mezcla para que se integre con ayuda de un brazo triturador (túrmix). Rallamos una lima sobre la mezcla y preparamos también el zumo, que dejaremos colado y pesado. Vertemos la mezcla en la cuba de la mantecadora (previamente refrigerada), añadimos el zumo de lima y mantecamos hasta generar la textura de helado deseada. La extraemos, con ayuda de una pala de plástico o espátula, a un recipiente que tendremos previamente congelado para que no haya choque térmico y no se derrita cuando lo dispongamos sobre él. Quedará en el congelador durante al menos una hora, cubierta para que no entren olores indeseados.

Cuando vayas a degustar el helado, puedes rallar un poco más de lima por encima e, incluso, si te atreves, agregarle alguna salsa picante y ahumada que le dará un toque excepcional. Algo sencillo y que a mí me encanta, por ejemplo, es decorarlo con un poco de pimentón de la Vera por encima, o con un chorro de *kimchi* casero que hacemos en la misma época con coles chinas fermentadas que nos traen Eva y Eric de Tierra Campesina desde Gredos.

Algarroba y avellanas

Marta, la hermana de Mariluz, vive en Málaga. De vez en cuando nos escapamos para visitarla y nos quedamos asombradas del microclima que se da en esa región y que es el responsable de haberla convertido en una de las provincias en las que más ha crecido el turismo internacional. No me extraña, Málaga lo tiene todo. Sin embargo, fruto de este crecimiento exponencial, también en la agricultura se han ido incrementando cultivos indeseados que sobreexplotan la base acuífera del río Guadalhorce.

Es el caso de los aguacates. Málaga, un lugar en el que casi no llueve, es la provincia donde más aguacateros se han plantado, un árbol que necesita muchísima agua. Por supuesto que estoy de acuerdo en traer cultivos de otras regiones, faltaría más, el mundo es intercambio, pero hay que hacerlo con conciencia. Sea como fuere, con esta receta no os vengo a hablar de helados de aguacates, sino de un árbol mediterráneo olvidado al que han hecho sombra este tipo de cultivos y que se da especialmente bien en esta región: los algarrobos.

La algarroba estaba surtiéndonos con sus frutos mucho antes de que lo hiciera el cacao, que se ha convertido en su sustituto (de hecho, a la algarroba también se la llama «el cacao de los pobres», una asociación que le ha hecho mucho daño pues no tienen nada que ver ni en sabor ni en propiedades; solo en el color marrón). La algarroba es expresiva, sin amargor y mucho más cercana en sabor al regaliz o al café que al propio cacao.

Un verano, mientras estábamos en Málaga, donde crece casi de manera silvestre sin que nadie la recolecte, nos hicimos con un acopio de vainas de algarroba. Caso similar, por cierto, es el de las chumberas, otro de los frutos mediterráneos por excelencia. Molimos las vainas e hicimos un polvo de algarroba que nos serviría para un helado de avellanas y algarroba, como homenaje a este fruto mediterráneo, con el que queríamos hacer un guiño a uno de los helados más vendidos: el de avellanas con chocolate. Queríamos quitar el chocolate y ofrecer mucha más proximidad. En ocasiones nos da pena que se pierda el valor de lo autóctono, y estamos convencidas de que, si le ponemos un poco de mimo e ingenio a nuestra tradición, podremos seguir regalando recetas tan sabrosas como estas a las futuras generaciones.

INGREDIENTES

620 g de leche de cabra de pastoreo,
180 g de azúcar, 80 g de nata, 60 g de pasta
de avellanas, 50 g de leche en polvo,
20 g de algarroba molida,
4 g de sal

ELABORACIÓN

Ponemos todos los ingredientes en una olla y los llevamos a 72 °C para pasteurizar la mezcla. Acto seguido, la enfriamos con un baño maría inverso de frío. Cuando haya bajado la temperatura, la guardamos en la nevera durante toda la noche.

Al día siguiente encendemos la mantecadora para que se refrigere y, mientras esperamos, vamos emulsionando la mezcla con ayuda de un brazo túrmix. Vertemos el contenido y dejamos agitar hasta que se genere la mezcla del helado. Lo extraemos, con ayuda de una pala de plástico o espátula, a un recipiente que tendremos previamente congelado, para que no haya choque térmico y no se derrita cuando lo dispongamos sobre él. Dejamos reposar en el congelador al menos tres horas antes de servir.

Plátano con *tahini* y miel

El plátano es una fruta amable, que suele gustar. Se usa mucho en heladería, pero me da mucha rabia cuando encuentro un helado de plátano que, en lugar de llevar plátano, contiene su esencia. Eso lo acerca más al sabor artificial de la gominola que al original de la fruta. Me da especial coraje en este caso, porque es superfácil trabajar la materia prima natural, que además es muy económica. Si tuviera que elegir una receta para empezar a practicar, sería esta. Te la recomiendo por su sencillez y el sabor tan increíble y goloso que entrega sin necesidad de artificios.

Cuando era pequeña tuve una etapa en la que comía mal, fase que se revirtió con los años. A menudo tenía gastroenteritis y me costaba probar cosas nuevas, siempre tomaba aquello que conocía y sabía que me sentaba bien. Así que nunca experimenté con los sabores en aquella época, me los perdí. Pero sí que realcé los que conocía y los exploté hasta la saciedad. En cuanto a frutas, el plátano y la pera eran de las pocas que me gustaban. Así que, para mí, el plátano es confort.

Tras ver un documental, entendí que esto le debe de pasar a la mayoría de las personas, porque el plátano es la fruta más consumida a escala mundial con diferencia. Es especial por su sabor amable, por su valor nutricional y también por su conservación y su robustez (que lo hacen fácil de transportar y, por lo tanto, bueno para el mercado).

Para el helado, quería romper ese confort que me evoca el plátano, sacarlo del lugar que ocupa en mis recuerdos. Me gusta arriesgar y experimentar. Es así como recompuse mi imaginario sobre el plátano y ahora elaboro muchas recetas con esta fruta que me llevan a lugares muy distintos. Con esta receta viajo a Marruecos con Mariluz, donde encuentro un extraño confort vehiculado a través del exotismo.

INGREDIENTES

490 g de leche de cabra de pastoreo, 200 g de tahini, 170 g de nata, 170 g de azúcar de caña moreno, 110 g de plátano, 100 g de miel, 60 g de leche desnatada en polvo, 4 g de sal, 2 g de flor de sal

ELABORACIÓN

Comenzaremos con la base de turrón de *tahini*, o pasta de sésamo tostada y molida. La puedes encontrar con facilidad, aunque yo la elaboro en el pequeño molino de piedra que tenemos. Disponemos en un bol grande el *tahini* y la miel, y removemos hasta que la consistencia se vuelva más densa, como si de un turrón se tratara. Agregamos la flor de sal y reservamos en frío ya en un recipiente más pequeño.

Para el helado necesitaremos pasteurizar el resto de los ingredientes en una olla, llevándolos hasta los 72 °C. Acto seguido, la retiramos del fuego poniéndola en un baño maría inverso de frío para que baje la temperatura. Cuando esté fría, la dejamos reposar toda la noche en la nevera.

Al día siguiente, volvemos a emulsionar la mezcla para que se integre con ayuda de un brazo triturador (túrmix). La vertemos en la cuba de la mantecadora (previamente refrigerada) y mantecamos hasta generar la textura de helado deseada. Antes de extraerlo, incorporamos en la cuba unos 60 g del turrón de *tahini* con miel por cada litro de helado. Lo colocamos en un recipiente previamente congelado, y lo ponemos rápidamente en el congelador (para que esté lo más frío posible y no haya choque térmico), donde lo dejamos reposar al menos durante una hora, cubierto para que no entren olores indeseados. Cuando lo vayas a degustar, echa un poco más del turrón o de miel, y a viajar.

Remolacha y eneldo

Siempre decimos que lo más bonito de Campo a Través (y de verdad que no es por ser pedantes) es la comunidad que se ha creado en torno al proyecto. No solo trasciende los propios helados, casi se podría decir que es una comunidad de afectos. Es una maravilla cuando la gente conecta con lo que haces, entiende por qué lo estás haciendo y te apoya día tras día, a veces con palabras y otras simplemente con una sonrisa. Así hemos conocido a personas maravillosas que nos han ido compartiendo sus recetas familiares, productos que cuidan con mimo, reliquias y regalos traídos desde muy lejos para que nosotras pudiéramos elaborar un helado con ellos.

Fue esa comunidad la que nos brindó esta receta, a la que tenemos especial cariño. Oleñka es una compañera del grupo de consumo al que pertenecemos. En verano, después de los repartos, siempre nos quedábamos charlando un ratito sobre cosas de la vida con ella y otros compañeros. Un día me contó que en Polonia, para combatir el calor, preparan una sopa fría a base de remolacha, kéfir y eneldo. Me quedé sorprendida, porque nunca había escuchado algo así y le dije que, si alguna vez la elaboraba, me gustaría probarla. Pocos días después, trajo a la heladería un tarrito de la sopa *borsch*. Qué delicia. Salvando las distancias, pero para que lo comprendáis, es como una especie de gazpacho de color rosa intenso casi púrpura que sabe dulce por la remolacha, ácido por el kéfir y superfresco por el eneldo. Una combinación estrella.

Si yo ya estaba elaborando helado con kéfir e incluso con remolacha, que combinaba con fresas, ¿por qué no hacer uno inspirado en este plato? Así que hice un helado del día versionando esta misma receta, con nuestro kéfir de cabra, mucha remolacha y eneldo fresco que nos surtían Eva y Eric de la huerta de Gredos. La propuesta fascinó a la gente, nadie esperaba ese sabor. Otra clienta polaca, Alicia, nos trajo, después de probarlo, un tarrito de remolacha fermentada, que ya era el toque estrella para la receta. Es así como a finales del verano metimos en la carta este helado de kéfir con remolacha y eneldo que tantas sorpresas nos ha dado.

INGREDIENTES

370 g de kéfir de cabra de pastoreo, 180 g de leche de cabra de pastoreo, 180 g de azúcar de caña, 170 g de nata, 80 g de leche desnatada en polvo, 30 g de remolacha cocida, 4 g de sal, 2 g de eneldo

ELABORACIÓN

Ponemos todos los ingredientes en una olla, excepto el kéfir y el eneldo, y la llevamos a 72 °C para pasteurizar la mezcla. Acto seguido, la enfriamos con un baño maría inverso de frío. Cuando haya bajado la temperatura, añadimos el kéfir y guardamos en la nevera hasta el día siguiente.

Al día siguiente, encendemos la mantecadora para que se refrigere y vamos emulsionando la mezcla con ayuda de un brazo túrmix. Vertemos el contenido en la cuba y, mientras se va haciendo, cortamos el eneldo muy fino. Dejamos agitar hasta que se genere la mezcla del helado y, justo antes de que termine el proceso, echamos el eneldo para que se integre.

Extraemos el helado, con ayuda de una pala de plástico o espátula, a un recipiente que tendremos previamente congelado, para que no haya choque térmico y no se derrita cuando lo dispongamos sobre él. Guardamos en el congelador al menos tres horas antes de servir. Sugerencia de decoración: unas hojitas más de eneldo por encima, o incluso acompañado de fresas.

Helado para todo el año

Es día 5 de enero, víspera de Reyes. Estoy terminando las últimas correcciones de este libro que espero que os haya enriquecido, os haya sido práctico, os haya hecho viajar por el monte y os haya evocado paisajes inesperados a través de los cambios estacionales. Acabamos de cerrar nuestra temporada de Navidad, una época de mucho trabajo pero especialmente bonita, y ahora que echo la vista atrás recuerdo la pregunta que muchos nos hicieron allá por mayo cuando empezamos: «¿Pero abriréis todo el año?». Nuestra respuesta siempre fue un «sí». Aunque he de confesar que había riesgo en la decisión y estábamos inquietas por ver si nuestro proyecto tendría buena acogida incluso en los meses de más frío. Para nosotras no tenía sentido abrir solo en verano porque, aunque es la temporada más fuerte, queremos dar continuidad a la leche de cabra todo el año y no sobreexplotar al rebaño en esa época para que luego se quede en el olvido. Por eso sabíamos también que, aunque somos una microheladería, también somos una microfermentería en la que elaboramos nuestro propio yogur y nuestras propias leches fermentadas, o hacemos pasteles y postres lácteos para equilibrar la disminución de consumo de helado en invierno. Nos adaptamos, y creo que parte del buen comienzo de Campo a Través tiene que ver con esto. En realidad, es algo que aprendimos de la trashumancia: que la naturaleza no es rígida y tienes que ir adaptándote a lo que te dan las estaciones, a lo que está por venir.

Campo a Través se ha ido definiendo y se ha ido sustentando gracias, sin duda, al apoyo de toda la gente que tiene alrededor. No es algo rígido a lo que queramos aferrarnos, sino que está «abierto», en constante cambio y evolución. Ojalá este año que comienza traiga más cabras, las nuestras. De momento, esa es nuestra proyección, pero quién sabe lo que nos depararán todas las páginas en blanco que tenemos por delante. Recuerdo una poesía de Rilke que siempre me ha fascinado, la «Octava elegía» de *Elegías de Duino*, que comienza diciendo: «Con todos sus ojos ve la criatura lo abierto...». Estas palabras, que tanto me han acompañado, de repente cobran sentido. Quizá los pastores también tengan ese don y el pastoreo sea lo más parecido que tenemos a la libertad.

Agradecimientos

Siempre digo que, aunque la cara visible de Campo a Través somos Mariluz y yo, hay mucha gente detrás que hace posible este proyecto, que ha sido fuente de inspiración y sustento, personas maravillosas que nos han apoyado, arropado e incentivado para que siguiéramos adelante. Gracias a nuestros padres, que fueron los primeros en no cortarnos las alas, en probar nuestros helados y que han estado ahí para ayudarnos en lo que fuera necesario: Marta, Mariluz y Pedro. Gracias también a nuestras abuelas Cani y Pepa: en ellas nos inspiramos cada día y nos han traído lo mejor de sus pueblos. Y a nuestros abuelos José y Antonia, que nos transmitieron el amor por el campo. Gracias a nuestras tías, que fueron las primeras clientas cuando aún jugábamos a las cocinitas. Gracias a Mario y Déborah, que nos han acogido como si fuéramos parte de su familia de cabras locas. Gracias a María y Felipe, de Vaca Celta, y al equipo del Obrador Abantos, que fue pionero en esta zona y nos ha guiado entre la maleza. Gracias a Esther y Javier de dLana por darnos ese primer empujón. Gracias al grupo de consumo de Ecoescorial, que fue la primera semilla que pusimos y que ha estado ahí en todo. Imposible nombrarlos, pero ellxs saben quiénes son. Gracias a Sandra, de Fiare Banca Ética, por creer en nosotras, ver donde nadie veía y por demostrarnos que otra forma de empezar un negocio es posible. Gracias a

Eva y Eric, de Tierra Campesina: la vida te regala a personas maravillosas por el camino y ha sido precioso encontrarnos. También a Sonia y Jaime, de Época Cerámica. Gracias a Mario, apicultor, por tratar con tanto mimo a sus abejas, y a Noelia y Pablo, de Bodega Toral, que nos animaron a seguir con esto de los maridajes de vino natural con helados y que cuidan de su tierra. Gracias a Antonio y Alberto García, de Verdevique, por inspirarnos tanto; lo fácil casi es hacer vino y lo difícil es tener esencia. Gracias a Daniel, Jesús, Juan y Javier, agricultores de arándanos, mangos, cítricos, cerezas, higos, manzanas, peras, etc., que nos proveen de estas maravillosas frutas cultivadas como se hacía antiguamente. Gracias a Rocío, de La Vieja Buchaca, a Erika, de Terra Capra, a Domingo, de Puerto Carrillo, y a Rodrigo, de La Cabra Tira al Monte, que nos traen desde lejos sus quesos de cabra en pastoreo que elaboran con tanto detalle y que tenemos la suerte de vender en la tienda: probablemente sean de los últimos cabreros y queseros con ganadería propia de este país. Gracias a Lidia Melero y a Pedro Perles, que nos han ayudado a darle imagen a Campo a Través. A Samuel, de Café Connexus, por regalarnos motivación cada mañana y por hacer un café tan rico a la vuelta de la esquina. A Cathy y Alfredo, que nos han retratado muy bien y quienes fomentaron el reportaje en *La Guía Repsol*. A Nerea, por cedernos su talento como sumiller en nuestras catas de queso y vinos naturales, y a lxs viticultores por los que apostamos que trabajan la tierra de una forma honesta. Gracias a Paloma, nuestra editora, por dejarnos hacer literatura a través de las recetas. A Juan Gabriel y Marian, y a Nathalie y Zeus. La vida nos demuestra que detrás de cada persona que entra por la puerta puede haber un gran amigx. Y, por último, gracias a todas las personas que venís a conocernos, que nos cedéis vuestro tiempo y os habéis embarcado en este libro de aventuras. Esperamos poder seguir narrando más.

Índice de recetas

Albaricoques y azafrán 225
Algarroba y avellanas............................ 269
Almendras en flor................................ 195
Arándanos....................................... 260
Arroz con leche.................................. 178
Bellotas y cacao.................................. 74
Brevas y hoja de higuera 228
Calabaza especiada con sus pipas 91
Caquis con Pedro Ximénez....................... 108
Castañas con anís................................ 80
Cerezas del Jerte................................. 222
Champiñón silvestre y *stracciatella* de chocolate 77
Chocolate con naranja........................... 151
Chocolate y menta silvestre 161
Ciruelas 250
Corte helado con barquillos 235
Dulce de leche de cabra.......................... 154
Earl Grey con malvaviscos de chocolate y jengibre... 56
El escaramujo o el fruto de la rosa silvestre 117
El olor del clavo 101
El sol tardío de los membrillos.................... 63
Endrinas, anís, canela y ralladura de naranja 114
Enebro y cerezas fermentadas 87
Flan de leche de cabra........................... 182
Frambuesas, avena y *nibs* de cacao 257

Fresas, remolacha y albahaca 218
Galletas de anís. 131
Jara pringosa. 208
Kéfir con cabello de ángel. 157
La pera. 169
Laban con *ras al hanout* y azahar 198
Las flores del saúco 215
Las primeras leches y su pasto 97
Las primeras violetas. 191
Leche, piñones tostados y miel de pino verde 45
Lima, agave y chile dulce. 263
Limón con cava y merengue. 147
Limón con hierbabuena 243
Limón y raíz de regaliz. 94
Mango y lima 266
Mantecado con nueces garrapiñadas 83
Mantequilla con flor de sal 172
Manzanas frescas y asadas 66
Melocotón asado 239
Miel y polen. 205
Natillas al azafrán. 70
Papuecas de la abuela Pepa. 186
Paraguaya y melisa. 253
Pistachos de Toledo 175
Plátano con *tahini* y miel 272
Remolacha y eneldo. 275
Roscón de Reyes. 142
Sabayón con uvas pasas. 165
Siempreviva. 212
Sopa de almendras. 139

Sorbete de melón y sus pepitas. 246
Torrijas de la abuela Cani 201
Turrón helado. 135
Un pastel para el recuerdo 121
Vendimia tardía (vino e higos secos) 104
Yogur con mermelada de madroños 111
Yogur fresco y moras silvestres maceradas. 51